COLEÇÃO
LEITURA E
FORMAÇÃO

O JORNAL NA VIDA DO PROFESSOR E NO TRABALHO DOCENTE

O JORNAL NA VIDA DO PROFESSOR E NO TRABALHO DOCENTE

Organizador: *Ezequiel Theodoro da Silva*

Autores: *Amarildo B. Carnicel*
Carmen Sanches Sampaio
Juvenal Zanchetta Junior
Marcel J. Cheida
Mario Sergio Cortella
Saraí Schmidt

São Paulo
2008

1ª Edição, Global Editora, 2008

Diretor Editorial
Jefferson L. Alves

Gerente de Produção
Flávio Samuel

Coordenadora Editorial
Rita de Cássia Sam

Revisão
Cássio Dias Pelin
Lucas Carrasco

Projeto de Capa
Eduardo Okuno

Editoração Eletrônica
Antonio Silvio Lopes

Dados Internacionais de Catalogação na Publicação (CIP)
(Câmara Brasileira do Livro, SP, Brasil)

O jornal na vida do professor e no trabalho docente / organizador Ezequiel Theodoro da Silva. – São Paulo : Global ; Campinas, SP : ALB-Associação de Leitura do Brasil, 2007.

Vários autores.
Bibliografia.
ISBN 978-85-260-1254-7 (Global)

1. Jornais – Leitura 2. Jornais na educação 3. Prática de ensino 4. Professores – Formação I. Silva, Ezequiel Theodoro da.

07-9281 CDD–371.396

Índices para catálogo sistemático:

1. Jornais na escola : Leitura : Educação 371.396

Global Editora e Distribuidora Ltda.
Rua Pirapitingüi, 111 – Liberdade
CEP 01508-020 – São Paulo – SP
Tel.: (11) 3277-7999 – Fax: (11) 3277-8141
e-mail: global@globaleditora.com.br
www.globaleditora.com.br

Nº de catálogo: **2970**

O JORNAL NA VIDA
DO PROFESSOR E
NO TRABALHO DOCENTE

SUMÁRIO

APRESENTAÇÃO

Todos os textos contidos nesta coletânea nasceram de três edições do Seminário Nacional "O Professor e a Leitura do Jornal", realizadas em Campinas-SP nos anos de 2002, 2004 e 2006. O objetivo maior desse evento sempre foi o de aproximar o jornal da educação por meio de exposições, discussões e debates sobre os pontos de intersecção entre os dois universos. Coroou esse objetivo o desejo de fazer ver que a leitura, de jornais e demais veículos da cultura impressa, é uma prática vital na formação continuada e na atualização dos professores.

No Brasil, já na década de 1930, os pioneiros da escola nova alertavam para a necessidade de utilização de textos outros na sala de aula, que não apenas os dos livros didáticos. Diziam ser necessário dispor e dinamizar diferentes textos em circulação na sociedade, de modo que os estudantes pudessem ter acesso a uma multiplicidade de gêneros de escrita e de representações da realidade durante a sua formação escolar. Dentre esses textos, sem dúvida aqueles produzidos pela imprensa escrita adquirem uma grande projeção e preponderância em decorrência de sua ostensiva presença na vida do cidadão moderno.

De fato, não há como negar que o jornal aglutina, no pólo da produção, um conjunto diferenciado de linguagens e de configurações textuais. Nele estão presentes estruturas narrativas (notícia, reportagem etc.), descritivas (imagens, tabelas etc.) e dissertativo-argumentativas (editorial, charge, carta à redação etc.), o que permite, no pólo da recepção, práticas ecléticas de manejo da língua e de entendimento por parte dos leitores. Mais especificamente, o jornal se apresenta como um poderoso mosaico de informações, serviços e pontos de vista que servem a diferentes propósitos sociais.

Celestin Freinet (1896-1966), um grande pedagogo francês, percebeu muito bem o potencial lingüístico-ideativo do jornal e criou um método – a imprensa escolar – para sua utilização nas escolas. Nesse caso, o jornal não é apenas levado como um produto pronto para circular com estudantes e professores, mas assume uma função social real, juntando as atividades de escrita e leitura no espaço de uma escola. Quer dizer, o modo de produção do jornal e as tecnologias atinentes a essa produção se colocam como potencializadores de processos e práticas de letramento durante a escolarização dos jovens.

Explicitada a relevância e a significação do jornal para as práticas escolares, convém agora falar um pouco sobre os textos que compõem esta coletânea. Todos eles foram organizados para exposição em palestras ou mesas redondas dentro dos Seminários referidos inicialmente; alguns textos, inclusive, mantêm o tom de "fala" e assim os preferimos deixar porque, sob certos aspectos, isso poderá facilitar a compreensão pelos leitores. Os temas e focos levam a uma multiplicidade de regiões do conhecimento e/ou da experiência, mas sempre tendo no horizonte questões relacionadas com a presença e a leitura do jornal em contextos escolares. Do mesmo modo, ao longo das exposições, aparecem questionamentos críticos a respeito da ideologia transmitida pelos jornais e, por vezes, dos textos jornalísticos que perdem de vista sua ligação objetiva com os fatos da realidade.

Os autores reunidos neste livro dispensam grandes apresentações: são, sem nenhuma exceção, pessoas que carregam com elas um compromisso ético de transformação, para melhor, dos conhecimentos dinamizados pelos professores por ocasião de suas práticas de ensino em diferentes níveis escolares. Em termos de origem dos autores, a coletânea teve ainda a vantagem de reunir intelectuais com diferentes formações, fornecendo assim um caráter multidisciplinar à obra. Com isso, cremos que a leitura dos artigos poderá não apenas mostrar a necessidade da circulação de jornais nas escolas, mas também, e principalmente, apontar que os professores não podem jamais perder de vista a incessante leitura do mundo – mundo que é, no fundo, cultura e linguagem estampadas também pela imprensa ou tão bem metalingüisticamente expressas – à moda de uma notícia – neste poema de Ferreira Gullar de 1962:

POEMA BRASILEIRO

No Piauí de cada 100 crianças que nascem
78 morrem antes de completar 8 anos de idade

No Piauí
de cada 100 crianças que nascem
78 morrem antes de completar 8 anos de idade

No Piauí
de cada 100 crianças
que nascem
78 morrem
antes
de completar
8 anos de idade

antes de completar 8 anos de idade
antes de completar 8 anos de idade
antes de completar 8 anos de idade
antes de completar 8 anos de idade

Ezequiel Theodoro da Silva
Campinas, setembro de 2007

O Professor e a Leitura do Jornal*

Mario Sergio Cortella

É uma satisfação imensa poder refletir sobre um dos elementos mais centrais da nossa atividade cotidiana, ou seja, a informação e o conhecimento. Claro que tenho um vínculo muito forte também com essa temática não só porque sou educador, mas também porque faz parte das minhas atividades cotidianas a elaboração de textos para jornais e a utilização dos jornais no dia-a-dia de trabalho – não só do jornal impresso, mas também o jornal como a divulgação de tudo aquilo que nos cerca nas lidas pedagógicas.

Quero fazer uma reflexão inicial a partir do fato de que não é casual que o veículo – objeto deste seminário – se chame jornal. Isso tem a ver com o que está acontecendo no dia, no *jour* – a própria noção francesa de "diário". Por isso, assumimos essa idéia de jornal, ou seja, aquele elemento do dia, aquilo que acontece hoje. Ou então a noção de correio – aquilo que leva as notícias. Talvez algumas pessoas aqui saibam da noção de notícia, em inglês *news*. Aprendi, quando estava no Ensino Fundamental, que a expressão *news*

---

* Síntese de exposição oral; guarda, portanto, características de linguagem coloquial. (Revisto por Ezequiel Theodoro da Silva por ocasião de sua produção e posteriormente revisto pelo autor em 7/9/2007.)

pode ter a ver com os quatro pontos cardeais porque as quatro letras que a compõem significam, em inglês, norte, leste, oeste e sul – isso forma a palavra *news*, surgindo daí o significado de espalhar a informação pelos quatros cantos. Em síntese, diário, jornal e correio são maneiras de fazer algo absolutamente humano, ou seja, tornarmo-nos informados.

Isso implica diretamente nossa área de educação. Qual é a finalidade de nos informarmos no dia-a-dia? Pensando nos costumes de vida, você já deve ter passado por uma experiência no período de férias, quando ficou uma semana sem ler jornal. No começo, sente até certo incômodo – volta para casa e encontra uma pilha de jornais. Você começa a dar uma olhada, mas, depois de certo tempo, percebe que talvez nem precise ler o jornal todos os dias porque se atualiza com certa facilidade. Mas, por outro lado, você sente falta disso, porque acompanhar o cotidiano, o que está se passando no dia-a-dia, acompanhar a *féria*, a feira (a expressão *féria*, em latim, com sentido de dia; nesse sentido de visão de horário e de horas), é exatamente nossa possibilidade de acompanhar o processo histórico, de ter uma clareza em relação não só a como as coisas acontecem, mas também – e especialmente – o que pode ser pensado em relação ao futuro.

Eu queria partir exatamente dessa noção de que preciso do jornal, preciso da informação, preciso saber aquilo que está acontecendo no dia-a-dia. Porém, hoje, enfrentamos uma grande dificuldade: aumentou imensamente a difusão das informações e, de repente, com a velocidade da comunicação, a cada dia você fica sabendo mais coisas com muito mais velocidade, com muito mais rapidez. E esse processo gera um fenômeno que pode atingir a nós todos e aos nossos alunos.

Ficamos soterrados pelas informações. Você já não sabe mais do que precisa de fato: de tudo o que está chegando na vida da gente, inclusive o que levar para a escola, para o trabalho pedagógico escolar. O mais importante, hoje, não é apenas ter acesso à informação porque ela está chegando com rapidez, mas é como estabelecer critérios de seleção para uma grande variedade de informações disponíveis. Dentre as fontes de informação, o jornal é uma delas; o jornal na televisão é outra; na Internet, é outra; os livros são outra; a conversa, outra. Hoje em dia, as fontes de informação se multiplicaram de uma maneira inacreditável.

Provavelmente – e até concordo um pouco com isso –, estejamos vivendo um novo renascimento, no sentido assemelhado ao que aconteceu nos séculos XV e XVI. Vocês se lembram o que caracterizou o Renascimento há quinhentos anos? Ocorreu um alto adensamento urbano, uma mundialização que foi chamada, na época, de grandes navegações ou mercantilismo – um conhecimento de outros locais do nosso planeta. Na verdade, hoje estamos fechando um processo de globalização que se iniciou há mais de quinhentos anos com as navegações. Houve uma mundialização em relação ao comércio, às culturas e à interdependência econômica. Houve também a difusão da informação numa velocidade inédita; afinal de contas, há 540 anos apareceu algo que teve um impacto enorme (igual à Internet hoje entre nós): o tipo móvel de Gutenberg, em 1450. Ele conseguiu algo absolutamente inédito para sua época e trazendo repercussões até os dias de hoje. Só para vocês terem uma idéia, antes do tipo móvel de Gutenberg, antes do século XV, na Europa medieval entre os séculos X e XIV eram necessários, para produzir duzentos exemplares de um livro, quarenta e cinco monges copistas trabalhando por mais de dois anos.

Esse grande número de copistas ocupava um lugar de escrever que em latim era chamado de *scriptorium* (o lugar onde você escrevia, copiava) e ali eles levavam mais de setecentos dias para produzir duas centenas de um único livro. Imaginem o que é isso! Em meados do século XV, na região onde hoje é a Alemanha, Gutenberg, com o tipo móvel, consegue difundir a informação de uma forma absolutamente inovadora. Para efeito de ilustração desse impacto, cabe relatar que, nos primeiros cinqüenta anos depois da invenção da tipografia, houve a impressão de mais de dez milhões de exemplares de quarenta mil livros diferentes na Europa. Isso significa que a informação começou a circular; o tipo móvel permitiu, em seqüência, o aparecimento das primeiras formas de jornal no mundo ocidental – do diário que podia ser feito numa folha só; num folhetim em que se colocavam as informações, as notícias etc.

E o que isso tem a ver com professores? Ora, o impacto na educação há 500 anos foi tão forte quanto aquele que temos hoje em relação à utilização de múltiplas fontes que fazem chegar até nós diferentes tipos de informação. A grande questão que se coloca para nós, professores, é como desenvolver critérios de seleção da informação. Em outras palavras, como transformar informação em conhecimento. Cabe enfatizar que ainda hoje há muita gente em educação que confunde informação com conhecimento. Algumas pessoas mais desavisadas até proclamam que estamos vivendo a Era do Conhecimento! Não necessariamente... Sempre vivemos a era do conhecimento. Estamos vivendo a era da informação. Informação e conhecimento não são, de maneira nenhuma, termos equivalentes.

Mas eu gostaria de estabelecer algumas outras formas de vínculo (duas, mais especificamente) entre o professor e a leitura do jornal. O jornal faz parte da minha formação – ele foi e é imprescindível no meu cotidiano não só porque, no meu caso, sou colunista de um ou outro jornal, mas porque sou casado com uma jornalista, o que coloca também um convívio diário para essa relação. Mas existe um outro elemento ainda nesse casamento: fui formado aprendendo a ler jornal de forma obrigatória (coisa que eu não recomendaria hoje). Quer dizer, fui levado a ler jornal desde os 7 anos de idade. Num outro tempo, quando a educação familiar tinha uma outra marca, na cidade de Londrina, onde nasci, no norte do Paraná, meu pai, todos os dias, antes de sair de manhã para o trabalho, pegava o jornal *Folha de Londrina* – que já era grande na época e assim continua até hoje – e me entregava, informando-me que à noite iria "tomar o jornal".

"Tomar" significava fazer o que ele fazia todos os dias dos meus 7 anos de idade, quando fui alfabetizado, até os 14 anos. Dos 7 aos 14 anos, tive que ler o jornal todos os dias de segunda a segunda, exceto na própria segunda, porque não tinha jornal nesse dia naquela época. Mais especificamente, eu tinha que ler o jornal porque à noite meu pai chegava, sentava na cadeira de balanço e perguntava: "Muito bem, quais são as principais notícias do dia?". E aí passávamos uma afetiva sessão de "tortura" de quinze minutos em que dizíamos: "Aconteceu tal coisa...". Lembro-me de que, em 22 de novembro de 1963, assassinaram o presidente Kennedy nos Estados Unidos, então ele queria saber o que tinha acontecido e mais: qual navio tinha afundado, o que se passara na Argentina, o que tinha acontecido com o Perón e assim por diante. Aquilo era uma "tortura". Ai se eu não soubesse as notícias!

Mas essa era a educação naquele tempo – uma forma de punição. E a punição que meu pai dava não era do tipo físico: ele me dava um castigo espiritual, ou seja, a punição, quando eu não sabia as notícias, era ter de ler algum livro e contar para o meu irmão. E vice-versa, com meu irmão sofrendo punição semelhante. Aprendi a ler em duas fontes: no jornal, aprendi a ter acesso à informação e, quando não sabia as notícias do dia, tinha que buscar e ler livros. Isso fez com que eu tivesse um bom conhecimento, tivesse uma base fortíssima de conhecimento. E isso também permitiu que eu não deixasse, até nos dias de hoje, de ler dois jornais diários como parte de minhas atividades. Alguns amigos me perguntam como arranjo tempo para essa proeza; respondo que me levanto mais cedo para ter tempo de ler os dois jornais. Eu não consigo iniciar o dia sem essas leituras. Vocês poderiam ainda indagar se eu teria coragem de fazer isso com meus filhos hoje. E eu diria que não, porque modernamente existem outras maneiras e outras fontes de informação que não só o jornal. Se cada um de nós estivéssemos num outro tempo, não teria nexo usar uma estrutura constrangedora como aquela da minha infância porque ela era o modo como se produzia a educação naquele momento e nós já não mais estamos nele. Deu certo comigo, mas poderia produzir em outros a revolta; mesmo naquela época, esse procedimento punitivo poderia produzir um tremendo ódio à leitura.

Não raras vezes, muitos de nós ficamos com raiva de professores que nos obrigavam a ler coisas. Por exemplo, estamos terminando o mês de julho e quantas vezes eu tive raiva de professores e professoras do Ensino Fundamental que diziam assim, logo no final de junho: “Bom, para aproveitar bem as férias, eu vou pedir para vocês lerem José de Alencar. Vocês também vão ler um pouco de Visconde de Taunay!”. Que ódio que isso dava na gente!

Fui colunista da *Revista Educação* e minha coluna do mês de junho (2002) foi sobre o ócio. Ócio não é sinônimo de vagabundagem. Sou absolutamente contrário à idéia de que o professor dê tarefas nas férias porque você descaracteriza a noção de férias e porque isso é sinal de má organização da escola. Alguém que não consegue colocar o conteúdo dentro do processo cotidiano de trabalho está com problema de planejamento, desculpando-se de que não dá tempo de ensinar tudo o que precisa ser ensinado.

Atenção: volta aqui de novo a idéia de informação e conhecimento, entre o que é significativo e o que não é. Aquilo que deve ser trabalhado e aquilo que é mero inchaço, *overdose* de informação. Ilustrando com a questão da leitura nas férias, primeiro a gente pegava o livro e contava o número de páginas, depois dividia pelo número de dias que havia nas férias e assim lia um pouquinho, olhava para ver quanto faltava... Olha só que coisa "prazerosa", que coisa "gostosa", criando uma relação "deliciosa" com a leitura! Qual o resultado disso? Dezenas de pessoas que pegam aversão ao livro. Mesmo sendo profissionais da área, o número de professores brasileiros que se dedicam à leitura não é tão grande (nem de jornal nem de livros). É muito pequeno o teto desse universo. Muitos, fora da área de educação, supõem que lemos bastante, mas não é objetiva tal suposição.

Retorno ao nosso ponto de partida: por que meu pai me obrigava a ler jornal? Eu me lembro de que ele só cursou até a quarta série do Ensino Fundamental, embora tenha feito carreira. Quando faleceu, era diretor de banco. Mas ele nunca voltou para a escola (a única coisa que ele tinha como estudo formal foram quatro anos de estudo em Santa Cruz do Rio Pardo, em São Paulo. Por pouco ele não terminou o primário: isso significa que dava um valor imenso ao estudo. Ele valorizava imensamente a necessidade de nos mantermos informados e, portanto, criou essa situação, de maneira que cada um de seus filhos tivesse esse importante aprendizado.

Por que parti desse tipo de relação nesta reflexão? Porque eu tinha que ler a *Folha de Londrina*, eu demorava a ler; por ser um menino de 7, 8 anos, eu demorava uma hora. Não era tão grande. Hoje há jornais maiores e não um só jornal, há dois, três, Internet, sites, TV. Você já imaginou? Alguém que se dedicasse a se atualizar passaria o dia todo buscando informação. Aliás, se você buscar na Internet, a cada momento que entra uma nova notícia, de repente você fica curioso por saber tudo o que está acontecendo. Neste exato momento, acontece algo na Tailândia e ficamos sabendo, e aí descarrila um trem na Ucrânia e você vai ler a notícia e se interessa por quantos morreram; tem um tufão na área da China e você fica sabendo; alguém é preso num posto de gasolina em Belo Horizonte e você está acompanhando a notícia; e uma mulher dá a luz quadrigêmeos no Ceará e você não só fica sabendo como quer saber qual é o nome de cada uma das crianças; e aí você olha e fica sabendo como será a temperatura em Porto Alegre hoje à tarde, que, aliás, como você não está indo para lá, tem "alta utilidade" a notícia da temperatura, vai nevar na Serra Gaúcha; qual foi a cotação do dólar; o salário que recebeu o jogador de hóquei no Canadá. Você já imaginou o que é ser um aluno nos tempos atuais, ter 14 anos de idade nos tempos atuais?

Tem gente que diz que as crianças não gostam da escola... Insisto nisso sempre que posso: não é verdade; elas adoram a escola. Elas somente têm certa dificuldade com as nossas aulas... Basta você observar, amanhã às sete horas da manhã, aquela alegria na porta da escola, com as crianças correndo para lá e para cá. Porém toca o sinal e todas vão quietinhas para a sala e se sentam quietas. De repente, toca o sinal e as crianças saem numa alegria grande e de novo correm para lá e para cá. Toca o sinal para ir embora... mas será que elas vão embora para casa? Não, elas ficam lá na escola e você tem que ir tocando, senão elas não vão embora. As dificuldades que os alunos têm são as nossas aulas. Educadores se questionam: não sei por quê. Ora, repito sempre: tome como exemplo um menino com 14 anos de idade – ele está com os hormônios fervendo; aliás, o Gaudêncio Frigotto costuma dizer que tem gente que confunde "hormônio com demônio". Ele está com os hormônios fervendo porque está crescendo e tem a Internet, a TV, o jornal que ele passa direto, uma série de coisas como partes da sua vida. E aí você o coloca quatro horas, quieto, numa sala de aula, sentado num banco de pau sem poder se mexer e o faz ficar ali aprendendo coisas que são "fundamentais" para seu cotidiano, como o nome dos sete primeiros reis de Roma, os quatro latinos e os três etruscos, qual é a diferença entre um adjunto adnominal e um complemento adnominal, como você identifica a mitocôndria, como você calcula a fórmula da raiz do delta, como é que você calcula a trajetória de uma bala de canhão. Isso tem tudo a ver com a vida dele, é evidente! Como é que você sabe o peso atômico do bário, qual é a capital da Tanzânia, quais são os afluentes da margem esquerda e direita do rio Amazonas e culmina tudo isso pedindo para ele ler um livro delicioso (que tem tudo a ver com a vida dele): *Amor de perdição*, de Camilo Castelo Branco. Aliás, você não pede: você o manda ler. Sabe qual é o resultado? Se puder, ele escapa, sai porta afora.

Só que existem instituições que têm portas para as pessoas não saírem, como escola, penitenciária, hospício. São lugares que você tem que criar certo constrangimento para as pessoas ficarem, senão elas não ficam. Caso fosse um local em que prazer e conhecimento se encontrassem, a sala de aula precisava de porta para não lotar. Mas nem sempre é assim. Por isso precisamos ter portas e esquemas de vigia nas portas. Esquemas de vigia de quem vigia as portas. Esquemas de vigia dos humanos e humanas que ali estão. Se o aluno puder, sem dúvida escapará. E, como ele não pode escapar, então dorme ou põe a mão em cima da mesa e vai deitando ou escorregando na carteira. Sabe o que dá na gente? Uma raiva danada. A gente, educador ou educadora, levanta e fala assim: "Vocês não me respeitam, não sabem respeitar; onde já se viu fazer uma coisa dessas comigo?".

Um dos melhores caminhos para iniciar uma viagem até a informação e ao conhecimento é o jornal. Isso ocorre porque o jornal fala do presente, daquilo que as pessoas vivem. Embora cada um de nós tenha passado e futuro, a gente só vive o presente; todos os seres humanos sempre vivem na idade contemporânea, ainda que estudemos a História dividida em fases. É evidente que todo ser humano sempre foi alguém que sempre viveu na idade contemporânea, ou seja, contemporânea a ele. Portanto, ao contrário do que muitos pensam sobre a educação, o jornal não é um elemento estranho ao processo de produção do conhecimento: ele é, isso sim, a porta de entrada. O jornal não vale menos do que o livro ou tem um peso menos significativo do que o cinema ou a TV. O jornal é uma ferramenta que possui um poder imenso de ser ele a fazer o convite para as pessoas navegarem pelo presente e assim poderem caminhar no processo histórico passado e viajarem também em direção ao desejo e, portanto, ao futuro.

O jornal não é apenas uma leitura a mais dentro do processo educacional, pois é o jornal que traz as notícias do dia. Inclusive, como já dissemos, é por isso mesmo que ele se chama jornal; ele é o diário, ele é o correio, aquilo que se entrega para as pessoas, ele é a folha. *Folha de S.Paulo*, onde eu sou eventual colunista, jornal *O Estado de S. Paulo*, *Jornal do Brasil*, *Correio do Povo*, *Diário de Campinas*, *O Globo*, você tem aquilo que fala o que as pessoas estão vivendo no dia-a-dia. O jornal não é uma leitura menor dentro do processo educativo, mas o convite que pode permitir, entre outras coisas, a sedução para outros conhecimentos ou informações que serão necessárias. Portanto, trazer a leitura do jornal para dentro do trabalho pedagógico não é simplesmente dizer aos alunos: "Vocês precisam se atualizar". Sabe por quê? Porque somos nós, professores, que precisamos nos atualizar. Os alunos estão atualizados; nós é que estamos vivendo em outra época e em outra situação. E atualizar não significa apenas ter informações atuais – significa ter uma concepção do processo pedagógico que esteja voltado para as condições do agora. Por isso, a leitura do jornal é a ferramenta, o instrumento mais poderoso que temos para capturar, para seduzir, para convencer a pensar o cotidiano. Só que, para pensar o cotidiano, tenho que me remeter à História. Por exemplo, para discutir com os alunos o aparecimento de um suposto meteoro que poderá atingir o nosso planeta no ano de 2019, marcada a data, 1º de fevereiro, data e horário em que poderá haver essa colisão quando vocês estarão já no 17º Congresso Brasileiro de Leitura de Jornal. Já imaginaram?

O aluno está sabendo disso. Já imaginou o que você pode tirar de sedução e captura para ensinar outras coisas, para colocá-lo a aprender outras coisas. Olhar a composição do asteróide. Quem sabe você chega ao peso atômico do bário. Quem sabe você passa para eles um filme no qual se busca exatamente evitar a colisão de um astro, como *Armagedon*. Ele sabe o que é *Armagedon*, mas o Armagedon é o juízo final. De onde vem isso? Isso está escrito lá na *Bíblia* dos judeus, cristãos e muçulmanos; que tal olhar um pouco o passeio que é possível por essas culturas; culturas essas que produziram coisas que são importantes para compreender nossa história? Quando você pega uma caixa de fósforos e nela está escrito Fiat Lux, essa foi a primeira frase dita pela divindade judaica. Ela disse: "Faça-se a luz!". Claro que ela não disse em latim, mas o latim foi dominante para traduzir o pensamento religioso e aí apareceu Fiat Lux. Numa caixinha de fósforo você tem a história também. Olhe, por exemplo, o nome daquele que dá a denominação do Estado em que boa parte de nós vive, que é o Estado de São Paulo: Paulo, um apóstolo do cristianismo chamado Saulo ou Saul. E, como ele era baixo de estatura, foi apelidado de Paulus, "pequeno" em latim. Portanto, ele, de Saul ou Saulo, se tornou Paulus e Paulus, de repente, de pequeno se tornou grande. E assim você começa a brincar um pouco com a informação presente na nossa vida cotidiana.

Brincar um pouco com a informação porque um trabalho sério não é necessariamente um trabalho triste. Uma aula séria não é uma aula triste. Uma discussão séria não é uma discussão triste. A seriedade não é jamais a falta de prazer. A tristeza, sim, é falta de prazer. O trabalho pedagógico tem que ser um trabalho prazeroso e, portanto, alegre. Isso significa que ele não pode ser triste. E sabe de onde vem a tristeza? De dois momentos básicos: você não queria estar ali dando aula e eles não queriam estar ali aprendendo. Você já encontrou essa situação alguma vez na vida? Você não queria estar ali e eles também não. Já imaginou que delícia, que relação gostosa? Você não queria dar aula, você quer que acabe logo; se der, você tira licença-prêmio, você usa faltas justificadas; se der, você quer que a escola fique em greve uns bons seis meses. E seu aluno fica torcendo para essas coisas acontecerem. Ou seja: uma relação pedagógica na qual o maior desejo é que a relação não aconteça. Já imaginou que delícia, que ponto de partida gostoso? Não é para um trabalho, para uma dissertação de mestrado? É aquele dia em que entro para dar aula considerando aquilo uma tortura e o outro entra na sala de aula com o mesmo sentimento. Esse é um dos momentos em que há uma coincidência entre o discente e o docente, ou seja, nenhum do dois queria estar ali naquele momento. Mas, afinal, quando você sente que está um clima gostoso na aula? É quando você sabe que o aluno está prestando atenção, quando ele está com o olho brilhando. E quando você sabe que as pessoas não estão gostando? Quando existe um movimento na sala de aula e seus alunos começam a bagunçar, começam a ficar incomodados. É importante lembrar que, quando você está gostando, você não se preocupa com a comodidade, haja vista sua ida ao circo, por exemplo. Quem aqui freqüenta circos desde pequeno sabe que é um lugar desconfortável: você fica trepado no poleiro que nem galinha em começo de noite. Com aquelas tábuas perigosas, ficar no meio da emenda das tábuas, era um risco muito grande, principalmente para os representantes do mundo masculino...

Quantas vezes você foi a um culto religioso e o local não era confortável – os bancos de madeira começavam a incomodar se o sermão fosse chato, se esse sermão não tivesse nada a ver com a sua vida. O que você fazia? Você cochilava e ficava ali. Mas quando o pastor ou líder, o irmão ou a irmã, falava uma coisa que você achava fundamental, então passava a prestar atenção, apesar do incômodo. Atenção: "fundamental", ou seja, que tem algo a ver com os fundamentos da sua vida. É assim que você esquecia se o encosto era ruim. Você nem ligava para o incômodo. A relação pedagógica não pode ser provocadora de incômodos ruins porque existe um incômodo bom, que é o incômodo de consciência, que é a curiosidade, o desafio.

O que isso tem a ver com o jornal? O jornal é uma das formas mais eficazes de fazer um convite aos alunos para que eles passeiem conosco pela história, começando do presente. Que ele olhe o dia-a-dia, que ele converse e que daquele ponto parta para outras maneiras de compreender e olhar o mundo. O jornal não é um objeto acima de qualquer suspeita. Ao contrário, o jornal também é uma empresa, tem a sua posição. Isso significa que não é um instrumento para ser usado sem cautela. Millôr Fernandes, que é um grande escritor e cartunista do Rio de Janeiro, diz uma coisa sobre a qual a gente sempre tem que pensar. Que todo jornal ou revista deveria colocar no alto, perto do título, um alerta assim: "Qualquer semelhança com fatos ou pessoas reais é mera coincidência!". Millôr é alguém que nos incomoda no sentido positivo. Ele diz também que: "Se você for alguém que não tem dúvida, é porque está mal informado". E essa é uma questão forte porque o jornal tem um valor imenso, sendo uma porta de entrada para o conhecimento, a cultura, a ciência, a religião. Você também precisa, como qualquer outra forma de informação, ter critérios de escolha, critérios de seleção – tem que ter uma visão criteriosa ou crítica.

A palavra "crítica" vem da agricultura... Os gregos tinham uma expressão para indicar a separação do joio do trigo ou da palha do arroz ou do feijão da pedra (como diríamos nós). Essa separação é chamada, em grego, de *kritêriom*. Criticar significa separar, selecionar. Cuidado, pois tem gente que diz assim: "Olha, eu queria fazer a crítica, mas não queria que fosse negativa!". Caso isso ocorra, recomendo nem começar, porque toda crítica é positiva e negativa, porque criticar é separar o que serve do que não serve. Você não pode caracterizar uma crítica como se ela fosse positiva ou negativa – isso porque o que você pode caracterizar é a intenção, isto é, se é uma crítica construtiva ou destrutiva. Quando corrijo o trabalho de um aluno, eu estou fazendo uma crítica, ou seja, separando o que não serve e o que tem equívocos. O que vale de fato é a minha intenção, se é para construir ou para destruir. Tem gente que confunde avaliação com auditoria. Avaliação é reorientação de um processo; auditoria é a caça ao responsável com a finalidade de punição. Avaliação não é auditoria. Toda vez que você transforma um processo pedagógico em auditoria, você simplesmente está buscando a crítica que destrói. É preciso ter capacidade crítica, capacidade de seleção, capacidade de julgamento. Por isso, a ferramenta mais importante que podemos utilizar e de que precisamos no trabalho educativo é a capacidade de seleção. Para selecionar, você precisa ter critério e isso gera algumas implicações para a escola.

Como disse antes, não confunda informação com conhecimento. A escola é marcada por nos rechear de informações e não necessariamente de conhecimento. Vamos exemplificar... Numa sala lotada de docentes, todos estudaram pelo menos catorze anos de língua portuguesa. Você começou aos sete e foi até os vinte e um, caso tenha feito faculdade. Se eu perguntar aqui, agora, exceto para os que são da área, qual a diferença entre um adjunto adnominal e um complemento adnominal, você não saberá. Você já soube disso um dia? Nunca soube: você simplesmente decorou. E o que você pode decorar é informação, porque a informação é esquecível. O conhecimento é inesquecível. Há pessoas dizendo: "Agora temos a Internet e a Internet é a grande fonte de conhecimento". Não! A Internet é a ferramenta mais poderosa, imprescindível como fonte de informação. Há pessoas dizendo que navegam na Internet – a maior parte não navega, a maior parte naufraga. Para navegar, você precisa ter clareza de para onde quer ir. Clareza do que está procurando.

Tem pessoas que ficam desesperadas numa feira do livro. Elas dizem assim: "Meu Deus do céu, será que eu preciso ler tudo isso? Comprar tudo isso?". Claro que não, pois todos os dias saem dezenas e dezenas de livros. Você vai atrás daquilo de que tem necessidade, você tem que ter clareza daquilo que deseja. Por isso, não confunda informação com conhecimento. Há pessoas que na Bienal do Livro entram em pânico. "Meu Deus do céu, o que vou fazer agora?". O que você vai fazer? Você seleciona. O Jair de Paula Ferraz, meu assistente até completar 75 anos de idade, seleciona o que vai ler. Por quê? Porque ele, com 78 anos hoje, sabe que precisa ser cada vez mais seletivo. Mas por quê? Por saber que seu tempo é vital e precisa ser mais bem aproveitado. Portanto, mais bem selecionado. Ele não quer conhecer todas as pessoas.

Minha mãe, Emília, que mora em São Paulo, de vez em quando liga para mim e diz: "Filho, vem aqui na minha casa conhecer uma amiga minha".

Digo: "Mãe, eu não quero não – eu já conheço muita gente. Não dou conta nem de quem eu já conheço". Cada dia você é apresentado a mais gente, mas quero me dedicar um pouco a quem já conheço. Isso implica usar mais tempo... E aí você diz que a Internet é um poderoso meio de acesso a informação, mas ela não é uma saída exclusiva para a educação. A saída é, isto sim, a capacidade de selecionar com critérios e produzir conhecimentos.

Há pessoas que dizem navegarem na Internet e se comportarem como Colombo. Colombo, quando saiu da Espanha, não sabia aonde ia chegar e, quando chegou, não sabia onde estava. Há pessoas que fazem isso com a leitura do jornal, ou seja, partem sem saber aonde chegarão e, quando chegam, não sabem onde estão. Não canso de citar uma das obras da literatura ocidental, que é *Alice no país das maravilhas*. Se você já leu, leia de novo; se não leu, vá atrás porque aquilo é psicanálise pura antes de Freud. No século XIX, um matemático inglês chamado Charles Dodgson deu a si mesmo o apelido Lewis Carroll e escreveu *Alice no país das maravilhas*. Nessa obra, Alice cai... ela está atrás de um coelho e cai, cai para dentro dela mesma. Existem duas personagens no livro que eu gosto demais: uma é o coelho, que está sempre atrasado com o relógio na mão; e a outra é um gato, que somente aparece o sorriso, somente aparecem os dentes e o rabo. Tem uma cena que a gente não pode esquecer – principalmente quando se fala em leitura do jornal e em leitura da mídia e leitura da informação –, em que Alice está perdida, querendo orientação. Ela está perdida, andando naquele lugar e de repente vê no alto da árvore o gato. Só o rabão do gato e aquele sorriso. Ela olha para ele no alto da árvore e diz: "Você pode me ajudar?". Ele fala: "Sim, pois não". "Para onde vai essa estrada?" E ele faz uma pergunta incrível para ela: "Para onde você quer ir?". Ela fala: "Eu não sei, eu estou perdida". Ele diz assim: "Para quem não sabe para onde vai, qualquer caminho serve". Isso é importante para ser pensado na área de educação. Para quem não sabe para onde vai, qualquer caminho serve. Para quem não sabe para onde vai, serve o jornal, o livro, a Internet, o videoteipe, o cinema etc., de qualquer modo.

E aí qualquer um de nós, na ansiedade de modernizar o modelo pedagógico, eletrifica a sala de aula. Enche de coisa eletrônica, como se, para fazer algo que interessa às pessoas, você precisasse eletrificar a educação. Aí mete aparelho eletrônico ligado para todos os lados, dizendo que, como os alunos estão habituados com isso, precisamos modernizar o ensino. O que se moderniza não é a ferramenta, mas o tratamento dado ao conteúdo.

Estou aqui neste momento fazendo uma fala para vocês sem utilizar nenhum equipamento eletrônico, exceto o microfone. Se eu estivesse em sala de aula com pouca gente, eu não o utilizaria. Poderia utilizar? Claro, e aqui neste auditório tem lugar para um PowerPoint, um Datashow, um retroprojetor. É bom? Dá para fazer aulas melhores com um Datashow ou um PowerPoint? Mas dá para fazer aulas ótimas também sem eles, depende da sua finalidade e para onde você quer ir. Para quem não sabe para onde vai, qualquer caminho vale. Se você sabe para onde quer ir, vai usar a ferramenta necessária. Por que você está aqui, nesses 50 minutos, ouvindo minha palestra? Seria porque eu, o Mario Sérgio, vim fazer a palestra? Não é isso: se você fosse um adolescente, um dos nossos alunos, e não tivesse apreciando o que estou dizendo, você se levantaria e iria embora. Se não pudesse sair, fingiria presença. E como você finge que está? Dormindo, provavelmente. Por que você está aqui, agora, nesse tempo? Porque, das coisas que eu estou lhe falando, talvez muitas delas lhe interessem ou tenham a ver com a sua vida. Tem a ver com a sua vida e você vai se apropriando delas, isto é, tornando próprio. Você está aqui há três dias, ouvindo, pensando e debatendo. Muita coisa foi colocada, mas o que você vai levar daqui? Aquilo que você apropriou, que tornou seu, que tornou próprio de você.

Atenção: conhecimento é seletivo, informação é cumulativa. A primeira grande distinção entre informação e conhecimento é que a informação é cumulativa e o conhecimento, seletivo. Informação você acumula para, tendo à disposição, você poder selecionar aquilo que precisa e delas se apropriar. Por isso que você nunca soube a diferença entre um adjunto adnominal e um complemento adnominal, a menos que seja da área. Isso você decorou e o que você decora esquece.

Tenho uma colega na PUC de São Paulo, uma grande professora da área de Direito, especialmente no campo dos Direitos Femininos, chamada Sílvia Pimentel. A Sílvia já é avó e outro dia contou algo incrível. Ela tem uma neta que aos 10 anos entrou na quinta série. Vocês sabem que, para a criança, entrar na quinta série é um impacto, porque da primeira à quarta ela está com uma professora só, que administra todos os conteúdos. Caiu na quinta está perdida, porque são seis ou sete componentes diferentes, com professores diferentes que quase nunca se encontram, muitos dos quais nem foram formados para ser professores. Então existe aí certa disparidade. Num domingo à noite, diz a Sílvia Pimentel, sua netinha chega para ela e diz: "Vó, amanhã tenho prova de Geografia, você poderia me ajudar a estudar?". A vó ficou meio assim, como nós algumas vezes temos dificuldade de ajudar nossos filhos a estudar, porque muitos deles só vão decorar alguma coisa. Mas, por exemplo, se você aprendeu a andar de bicicleta, nunca vai esquecer. Vai perder a prática: é só subir na bicicleta, nem que você tenha 90 anos, e sair pedalando. Se você aprendeu a andar a cavalo, não esquece; se aprendeu a fazer arroz, não esquece, porque aquilo que você seleciona, que fica significativo, fica incorporado em você.

Retomando a história da Sílvia... Ela disse: "Eu te ajudo". Eis que estão as duas estudando no domingo à noite e a menininha diz: "Vó, o que são rochas cristalinas?". E a Sílvia responde: "Sabe, filha, eu já soube, mas eu esqueci". Então, a neta exclama: "Ah, vó, então eu também não vou estudar". Sabedoria profunda, aos 10 anos de idade.

Eu me mudei de Londrina em 1967/1968, cheguei a São Paulo e fui estudar numa escola pública da rua da Consolação, chamada Colégio Estadual Professora Marina Cintra. Cheguei lá com sotaque do norte do Paraná, com o erre puxado. Eu me tornei o alvo de gozação dos colegas. Ficava desesperado. Minha salvação veio no dia em que entrou um professor novo de Matemática, chamado Edson, que chegou da "Bahia" naquela semana e foi a minha libertação, foi meu messias, porque virou o alvo das brincadeiras por causa do sotaque. O professor Edson deu aula para nós alguns anos. Certo dia, na série subseqüente, que seria o equivalente à oitava, ele disse: "Hoje eu vou ensinar para vocês o cálculo de fórmula da raiz do delta". Eu, com 15 anos, fiz uma pergunta inacreditável: "Professor, para que serve isso?". Ele deu uma resposta que nunca vou esquecer: "Um dia você vai saber". Até hoje não sei, ou melhor, sei a fórmula, mas para que serve não sei. O que ele produziu ao falar isso? Ele produziu em mim um descompromisso com o conhecimento; mais especificamente, ele disse para mim que um dia eu saberia. Que decisão inteligente eu tomei aos 15 anos de idade? Se um dia vou saber, vou esperar esse dia chegar. Aliás, o aluno usa uma expressão mais ou menos assim: "Por que eu vou perder tempo?". Você pede para um aluno ler um texto para discutir na segunda-feira e não discute. O aluno diz: "Professor, o senhor não vai discutir?". E você responde: "Não, acho que eu vou fazer outra coisa". E ele: "Puxa, professor, perdi a tarde inteira lendo esse texto". Repare que ele não diz "usei" a tarde inteira. Ele "perdeu" a tarde inteira!

De novo: não confunda informação com conhecimento. Conhecimento é seletivo; informação é cumulativa. E a escola acumula, acumula o aluno com informações. Sabe qual é nossa maior dificuldade hoje? Selecionar os conteúdos. Você está selecionando ou acumulando? Eu fui Secretário Municipal da Educação em São Paulo por dois anos e uma das coisas que fizemos na gestão em que eu estava foi não admitir que se desse trabalho e tarefas para as crianças do Ensino Fundamental na sexta-feira; procurávamos convencer a não se praticar tal ato. Isso porque se a escola argumenta que tem que dar tarefa no final de semana é porque ela não organizou bem o conteúdo. Ela está só acumulando. Uma criança não pode ter seu fim de semana ocupado por tarefa. Como nenhum de nós gosta de levar tarefa no final de semana, ficamos irritados. Você protela para corrigir as provas e corrige no domingo à noite, com raiva, porque queria descansar. Você fica enrolando, seu filho faz isso, você fez isso. A criança vai fazer tarefa domingo à noite, com raiva, com sono, com tudo. Aí você diz: "Vamos para a escola porque a escola é importante!". Ela adora a escola, mas aquele conteúdo fica estranho.

Desse modo, a relação do professor com o jornal deve ser discutida sob três aspectos. O primeiro deles é que o jornal é uma ferramenta poderosíssima para convidarmos, capturarmos, seduzirmos nosso aluno para se interessar pela história. Segundo: no entanto, essa utilização do jornal – seja qual for, impresso, televisivo ou internáutico – não pode ser feita sem cautelas porque também o jornal faz parte dos interesses dos grupos que o mantém; portanto, é importante lê-lo, pensá-lo, assisti-lo de forma criteriosa, desconfiando, duvidando, debatendo. Terceiro: a finalidade do uso do jornal é oferecer um leque maior de informações significativas, que possam ser transformadas em conhecimento. Insistimos no ponto: "selecionada" – significa que num jornal você não precisa ler todos os assuntos, mas deve selecionar o que interessa. Exemplo concreto disso é que sou um leitor contumaz de jornal, mas não leio o caderno de esportes. Por quê? Porque não gosto de esporte? Não, como tenho outras coisas para ler, prefiro me dedicar um pouco às outras leituras. Como é que me informo sobre os esportes? Informações rápidas.

Não tenho que ler tudo, ver tudo, assistir, tudo. Senão, entramos numa sofreguidão. Mais um exemplo: é igual quem tem TV a cabo e não sabe assistir, mudando de canal o tempo todo. O que falta ali? Critério! A pessoa quer assistir a tudo ao mesmo tempo. Isso dá um desgaste porque temos um estresse da informação. Você fica estressado com a quantidade de informação, assim como o professor ou a professora fica estressado com o conteúdo que acha que precisa passar, ficando apenas na informação. Já imaginaram? De tudo o que você sabe, juntando com tudo o que te informaram na escola... o resultado disso tudo é muito desbalanceado. Você diz: "Ah, mas é só porque me informaram muito é que eu tenho hoje esse conhecimento". Não! O que importa é você ter critério, porque é ele que permite a você separar as coisas que lhe são significativas.

Por que é importante desenvolver critérios? Porque permite uma seleção adequada de conteúdos. Mas só pode existir um desenvolvimento do critério se houver uma oferta ampla de informações. O que quero dizer com isso? Um dia, eu e o André (meu filho mais velho, que hoje tem 30 anos e é publicitário) estávamos em casa. Eu estava na sala ouvindo ópera. Gosto de ópera, mas não de qualquer ópera – para mim, o critério que tenho para música é: música boa é aquela que me emociona. Eu estava ouvindo ópera e ela tem que ser tocada em volume alto, pois ouvir ópera baixa é a mesma coisa que ouvir jogo de futebol baixinho. O André (que hoje gosta muito de ópera) aos 18 anos estava no quarto dele, ouvindo rap e de repente saiu do quarto, foi até a sala e disse: "Pai, você está louco? Isso é música? Abaixa esse som". Eu disse: "Que pena, filho. Você com essa idade já decidiu que tipo de música serve e que tipo de música não serve? Você com essa idade já está próximo da indigência mental? Com 18 anos você já tomou a decisão das coisas que servem e não servem? Como é que você vai desenvolver seus critérios se não aumentar o número de possibilidades de acesso, como você vai escolher se não tiver uma oferta mais extensa de múltiplas e diversas formas das coisas? Você já decidiu o que serve ou o que não serve?". Ele disse: "Pai, você está ficando louco". Eu lhe disse: "Não, filho, você está com uma redução mental. E sabe por quê? Charlie Chan, que é um fictício detetive chinês do cinema, depois adaptado para o desenho animado, possui uma frase que acho que não podemos esquecer: 'mente humana é como pára-quedas, funciona melhor aberta'".

Não se descarte a idéia do jornal como uma ferramenta poderosa no nosso dia-a-dia para aumentar as fontes de informação. Mas não é que o aluno precise ler jornal apenas porque necessite ler. A leitura do jornal é uma porta de entrada no presente, que, com critérios, permite entender o passado e projetar a compreensão do futuro. Jamais admita a idéia de que ter informação em si é suficiente, porque a informação sozinha não produz consciência crítica. Se fosse assim, sabe de onde viria a revolução social e do conhecimento? A partir daqueles que se informam o dia inteiro; por exemplo, o motorista de ônibus, a empregada doméstica, o porteiro do prédio. São pessoas que, por terem uma atividade mais fechada, ouvem rádio o dia inteiro. Será que isso é suficiente? Não, porque eles têm uma informação, mas não sabem necessariamente o que fazer com ela. Eles só são capazes de dizer que o dólar que estava a R$ 3,26 passou a R$ 3,60. Se a informação não for transformada em conhecimento, se ela não for tornada própria de cada um, ela se perde, ela se dilui. Por isso, nosso trabalho tanto na vida quanto na escola como educadores e educadoras é transformar a informação em conhecimento de maneira que o porteiro do prédio, a empregada doméstica, o motorista do ônibus e do táxi saibam o que fazer com a informação e não simplesmente a consumam como algo que é um dado a mais e, portanto, é esquecível.

Conhecimento é inesquecível – aquilo que você apreende é diferente daquilo que você aprende. Apreender é prender em você e isso significa sua imensa capacidade de não esquecer. Eu me referi ao livro *Huckleberry Finn* ou todos os demais livros que encontrei aqui na Feira do Livro do seminário: *Reinações de Narizinho*, do Monteiro Lobato, que li aos 8 anos de idade; aquilo para mim é inesquecível, faz parte do meu mundo até agora. Aquilo está vivo dentro de mim. Por isso, a leitura do jornal e de outros materiais escritos é para lidar com a vida.

Fecho agora de vez com a seguinte noção: a leitura do jornal possui uma finalidade que é a de fazer a biópsia da história cotidiana. Mas muito cuidado, pois muitas vezes na escola o que fazemos é necropsia, ou seja, ficar vendo o que aconteceu com aquilo que já faleceu. A finalidade da leitura do jornal é fazer biópsia, ou seja, estudar, olhar as condições do dia-a-dia para manter a "bio", manter a vida, manter a vitalidade, manter a animação da vida, do trabalho e da história.

Concluo com uma fala que também uso para o parágrafo final do meu livro *A escola e o conhecimento* (fundamentos epistemológicos e políticos). Os chineses têm um ditado: quando dois homens andam por uma estrada, cada um carregando um pão, eles se encontram. Então, se trocarem os pães, cada uma vai embora com um pão. Quando dois homens andarem por uma estrada com uma idéia e se encontrarem... se eles trocarem as idéias, cada um vai embora com duas. É essa a finalidade de um congresso, é essa a finalidade da vida: trocar idéias para que todos tenham pão.

O Jornal na Tensa Fronteira entre o Público e o Privado: Um Estudo para Ler Criticamente os Jornais em Sala de Aula

Marcel J. Cheida

Da Renascença ao início do período iluminista, a expansão do comércio e a consolidação de uma nova classe social, a burguesia, revelam, nas ainda restritas publicações, interesses e comportamentos até então mantidos sob o manto das relações pessoais ou familiares. Exemplo desse novo comportamento é encontrado no fim do casamento do escritor inglês John Milton. Abandonado (Fortuna, 1999) pela esposa Mary Powell, de 17 anos, Milton, de 34 anos, já conhecido em Londres pela produção literária, resolve publicar em 1643 um livro (*The doctrine and discipline of divorce*) no qual defende o divórcio em casos como o que viveu. Ele argumentou em favor do divórcio quando a mulher abandonasse o marido por razões outras que não exclusivamente o adultério. Para o autor, a incompatibilidade de personalidades ou espiritual era o maior empecilho para a preservação do casamento, que, segundo ele, deveria ser a comunhão de almas. Assim, o divórcio não deveria ser aceito somente nos casos de adultério, pois o casamento seria reduzido à mera união de corpos. Milton registra nessa obra um dos primeiros argumentos em defesa do reconhecimento político da intimidade na esfera do direito privado com o objetivo da anulação do casamento e o direito ao divórcio. As idéias do escritor abalavam os adversários religiosos, os presbiterianos, num ambiente de feroz disputa ideológica e religiosa com os protestantes.

A obra de Milton incomodou os adversários políticos e religiosos, entre eles parlamentares ingleses que atacaram as idéias do escritor e, por essa razão, passaram a defender a censura aos livros. E foi no Parlamento inglês que o debate se desenrolou e culminou com a exposição do primeiro discurso em defesa da liberdade de imprensa registrado na Europa.

O abandono do casamento é um fato da vida privada, que ainda se arquitetava como direito na gênese da sociedade burguesa e liberal. Milton apelou no espaço público por meio da publicação, na qual chamava a sociedade inglesa para adotar um novo costume e aceitá-lo a partir da experiência íntima enfrentada pelo escritor. Contra a censura, Milton redigiu o discurso *Areopagítica*, que seria lido no Parlamento inglês, no qual ele formula os fundamentos modernos da liberdade de imprensa. O anseio pela autonomia individual em imprimir e publicar as idéias é base do sentimento liberal iluminista que se concretiza na medida em que os Estados modernos vão se formando com o reconhecimento à liberdade individual e à propriedade privada.

O mundo privado, doméstico, paradoxalmente, vai formulando o espaço público. E a demanda do interesse íntimo, conjugal, se projeta para buscar uma resposta positiva da sociedade inglesa, para se tornar um direito universal. Esta, porém, respondeu politicamente. Os argumentos do escritor não foram suficientes para convencer puritanos mais radicais e adversários sobre a validade da liberdade de imprimir. A *Ordinance*, que estabeleceu a censura prévia aos impressos e publicações, entra em vigor a partir de 1643 e só será revogada em 1695, quando o Parlamento inglês é reaberto após o conflituoso período revolucionário.[1]

---

1 Para uma leitura mais detalhada sobre o cenário social em que ocorreu a Revolução Inglesa, ver HILL, Christopher. *O mundo de ponta-cabeça – idéias radicais durante a Revolução Inglesa de 1640*. São Paulo: Companhia das Letras, 1987.

Se os comerciantes renascentistas produziram as cartas volantes[2] inicialmente numa troca privada para depois torná-las públicas, Milton levou o conflito da vida íntima para o espaço público. De certo modo, os comerciantes e Milton compuseram os elementos originais da formação do universo privado em conflito com o público: os negócios e a vida íntima, conjugal.

A história da construção dos jornais modernos tem início na Renascença, com as cartas volantes trocadas entre comerciantes. Registram-se a partir do século XIII as primeiras cartas manuscritas sobre papel nas quais notícias sobre mercadorias para comercialização eram trocadas entre negociantes. A disseminação dessa prática informativa acompanha o período mercantil, marcado pelas grandes navegações comerciais entre os séculos XV e XVI. Para viabilizar os negócios, a produção manuscrita de cartas resultava em contratos entre as partes, de modo a favorecer a compra e venda de mercadorias. Além disso, o registro comercial impulsiona a contabilidade e a administração de modo a incentivar a confecção do papel. O mundo privado se desenha e estabelece fronteiras tanto para os negócios como para a vida doméstica, familiar, na qual o modelo patriarcal herda os elementos da sociedade despótica greco-romana.

---

2 As cartas volantes, inicialmente, eram redigidas por sujeitos letrados, minoria nas cidades em que o comércio mercantil se expandia numa Europa que passava por profundas mudanças econômicas. A ascensão dos comerciantes que vão dar origem à classe burguesa exigia o domínio de novas técnicas de registro dos processos de aquisição e destinação das mercadorias oriundas de outras terras. Surge a contabilidade já a partir do século XII. A administração contábil e a necessidade de expansão comercial obrigam os comerciantes e príncipes a redigir cartas aos destinatários compradores, vendedores ou fornecedores de bens. Essas cartas inicialmente circulavam em trajetos privados, entre remetente e destinatário. À medida que o comércio se expande nos centros urbanos, em especial no século XV, as cartas são copiadas em vários exemplares distribuídos por mensageiros a cavalo ou a pé em áreas comuns. Elas recebem o nome de cartas volantes exatamente porque circulavam abertamente em locais públicos, em praças nas quais comerciantes e artesãos mercadejavam os mais diversos bens. Com a invenção da imprensa tipográfica, as cartas gradualmente deixam de ser manuscritas. Elas vão dar origem às primeiras gazetas noticiosas que surgem em Veneza. Inicialmente manuscritas, as gazetas continham notícias sobre a chegada de mercadorias no porto, preços e também informações sobre as decisões dos príncipes e outras autoridades (veja ALBERT & TERROU, 1990; RIZZINI, 1988; MARTINS, 1996).

À medida que a expansão da estrutura social burguesa encontra os mecanismos políticos para sua consolidação, os livros e periódicos se tornam extensões dos interesses privados que buscam no espaço público a resposta para a redução de latentes conflitos gerados pela competição dos agentes causais das demandas que adquirem expressão política. Isto é, a manifestação dos interesses privados encontra no espaço público o local em que se manifesta a autoridade política e jurídica com a incumbência e a competência para intervir a fim de construir, mesmo que despoticamente, o consenso.

No século XV, casas especializadas em manuscrever, copiar e difundir cartas comerciais (Briggs & Burke, 2004) são criadas e tornam-se organizações empresariais prestadoras de serviços, como a Casa Fugger, na Alemanha. A pedido de comerciantes, os Fugger redigem, copiam e distribuem as cartas aos destinatários. A demanda por maior quantidade de cartas ocorre conforme a expansão dos negócios e a formação dos mercados competitivos. Vendedores precisam alcançar compradores onde estiverem. Gradualmente, as cartas deixam o espaço privado para serem distribuídas em feiras e praças e passam a ser denominadas de cartas volantes.

As obras impressas seguem então um novo caminho. Das cartas comerciais e das missivas amorosas, os livros e periódicos, como outros tipos de impressos, adquirem o atributo da publicidade. Tornam-se públicos. E ajudam a redefinir o espaço social, no qual o mundo privado determina fronteiras para que os agentes públicos nele não ingressem. A publicidade, porém, ocorre com o anonimato. A censura coercitiva sobre as publicações impulsionou a produção de folhetos e panfletos, cujos autores se mantinham no anonimato. Paralelamente, as cartas privadas circulavam sob sigilo para evitar a censura e possíveis condenações.

A dicotomia entre o público e o privado vai se definindo conforme a produção simbólica se firma como manifestação e expressão de uma nova ordem social, na qual a intimidade não se circunscreve à vida doméstica, conjugal, mas também aos negócios tratados por meio dos contratos entre as partes, sem a presença do Estado. A autoridade e os agentes públicos devem agir no espaço permitido e não no espaço proibido da intimidade doméstica, privada.

No período iluminista, os periódicos adquirem maior popularidade. As cidades crescem e se tornam áreas de referência para a ampliação do comércio e também da troca de informações de caráter político, econômico, religioso e social. Ao longo do século XVII, as fofocas da corte francesa eram temas de pasquins impressos distribuídos clandestinamente. Vassalos e servos da corte testemunhavam os bastidores e a vida sexual nem sempre correta da aristocracia e a narravam para editores de pasquins e de livros.

Era comum em Paris a espera da circulação de pasquins e folhetins com a descrição do comportamento mundano dos aristocratas. Tais folhetos, manuscritos ou impressos, eram procurados com a ansiedade da novidade, da descoberta de um novo mundo: a privacidade da corte. Além deles, as obras com conteúdos obscenos como *Vênus no claustro*, obra anônima que circulou em 1683 na França (Briggs & Burke, 2004).

A expansão da nova economia industrial e capitalista ao final do século XVIII é possível em razão dos novos cenários. A cidade se define como área de concentração dos interesses corporativos e de classe. A competição por mercados se esboça gradual e incisivamente. A Revolução Francesa, o parlamentarismo constitucional inglês consolidado e a formação dos Estados Unidos ocorrem sob profunda influência do pensamento liberal, que desenha o Estado de Direito responsável pela delimitação legal tanto do espaço e dos interesses públicos como do espaço e dos interesses privados, com leis próprias que procuram distensionar os conflitos entre esses dois campos de ação social.

É nesse cenário que as publicações periódicas, as gazetas, os libelos e os pasquins amplificam o raio de influência social, na formação de um fenômeno típico das sociedades modernas: a opinião pública. Os periódicos se adaptam e ajustam as linhas editoriais de modo que priorize os assuntos sobre o espaço público. Na transição do jornalismo romântico para o industrial, o idealismo político e social é substituído pela narrativa factual, do cotidiano. Os conteúdos deixam de atender aos requisitos idealistas para abrigar a notícia na forma de relatos descritivos ou narrativos sobre fatos cotidianos.

Propriedade privada – O modelo administrativo-contábil da indústria é aplicado às organizações editoriais que, na primeira metade do século XIX, iniciam um processo de massificação das folhas periódicas. Proprietários passam a formular projetos e planos de produção noticiosa que buscam, antes de tudo, consolidar um modelo de relação de troca cuja mercadoria é a notícia, seja ela procedente ou não. A propriedade dos jornais é determinante para a definição de seus conteúdos. Os jornais confeccionados por jornalistas contratados em organizações privadas predominam sobre os que são controlados por organizações estatais ou associações diversas, algumas sem finalidade lucrativa. Ao longo da história dos jornais, no Ocidente, prevaleceu a posse privada, cujos agentes transformaram o ato de imprimir diários, trissemanários, bissemanários e semanários em lucrativa atividade que procurou conciliar os interesses particulares com as demandas públicas. Mesmo na Europa, cuja tradição política estimulou a presença dos jornais partidários, a iniciativa privada soube ocupar espaços sociais para explorar a comercialização midiática.

A expansão dos jornais, de certo modo, ocorre com a industrialização, em especial entre os séculos XIX e XX. A formação das modernas sociedades consumistas em regimes liberais, notadamente na Inglaterra e nos Estados Unidos, contribuiu para acelerar a produção massiva dos jornais impressos. A invenção do telégrafo a cabo, da máquina a vapor e dos processos de impressão baseada na tinta de secagem rápida e no papel em bobina (impressão rotativa) determinaram ao longo do século XIX a expansão do jornal como meio simbólico de intermediação entre o mundo doméstico, individual, e o espaço público, coletivo. Agora, o tempo é condensado pela periodicidade diária. A partir da primeira metade do século XIX, as publicações relatam fatos do ontem, parcela de tempo muito próxima, muito presente até se comparado com o distante tempo em que os fatos ocorriam, mas somente eram relatados como notícia semanas ou meses depois.[3]

Os jornais são organizações econômicas que manuseiam conteúdos políticos e mercadológicos. No primeiro tipo de conteúdo, encontram-se as informações sobre o espaço público, partidos políticos, governos e ações governamentais, eleições e projetos de interesse do Estado, tanto em nível

---

3 Uma curiosidade: a notícia sobre a proclamação da Independência por D. Pedro I, simbolizada no grito do Ipiranga, somente foi publicada pelos jornais brasileiros, sediados no Rio de Janeiro, semanas depois. Foi em outubro daquele ano que o grito da proclamação mereceu algumas linhas em alguns periódicos. Uma das razões para essa demora e para a falta de interesse editorial teria sido a divulgação, em agosto de 1822, do manifesto divulgado pelo governo brasileiro no qual afirmava a independência do País para os governos estrangeiros. (Ver LUSTOSA, I. *O nascimento da imprensa brasileira*. Rio de Janeiro: Jorge Zahar, 2003.)

doméstico como externo. No segundo conteúdo, todas as formas de entretenimento, serviços de consumo, publijornalismo etc.

A reunião desses tipos de informações num veículo revela o jornal como organização que sobrevive no tenso limiar entre os interesses públicos e privados. Campo de conflitos permanentes, expressos simbolicamente, o jornal deixou de ser o veículo da fiscalização que a sociedade pretendia sobre os governos e governantes para se constituir num potente armamento em defesa de interesses privados. Ou dos interesses ideológicos e partidários, no caso dos Estados socialistas ou autoritários; o que não é o caso brasileiro atual.

A história da imprensa é mais bem compreendida pelo viés das relações entre o interesse político do exercício do poder no Estado e dos interesses privados gerados pelas demandas particulares expostas a governos e governantes. Desde que Júlio César (69 a.C.) determinou a redação e a publicação das notícias (Rizzini, 1998) sobre o Senado romano em praça pública, a fim de expor senadores por meio de sua rotina e discursos, a informação que circula no meio social se encontra enraizada em intenções personalistas, autoritárias e particulares. A profissionalização da atividade noticiosa procura superar o reducionismo encontrado no trato jornalístico. Jornais de qualidade editorial conseguem equilibrar os interesses privados com o interesse público pela informação de qualidade, crítica e mobilizante. Nesse caso, não significa um jornalismo neutro ou apartidário, desprovido de compromisso ideológico ou de rica subjetividade de seus autores e editores. Tais jornais apresentam um viés de compromisso editorial que é exposto com um mínimo de honestidade. A elaboração e publicação de política editorial, de manuais de redação e de colunas de crítica à própria imprensa se constituem em mecanismos reveladores da intenção e do projeto político dessas empresas jornalísticas. A maioria, porém, evita tais visibilidades. A maioria, por exemplo, censura informações fundamentais para os leitores, ouvintes ou telespectadores, como os dados sobre a tiragem e circulação reais sob a alegação de que são dados estratégicos mercadológicos. O interesse comercial afronta o interesse público, nesse caso.

A Renascença é o período em que os interesses privados desenhados na formação da classe burguesa redefinem o conceito de informação, dando a ela um revestimento econômico no tratamento aos negócios entre comerciantes e entre comerciantes, aristocracia e os protobanqueiros.

As profundas transformações estruturais da sociedade renascentista geram caminhos que vão redefinir o interesse privado em relação ao público. A ascensão burguesa se fundamenta na liberdade individual em pensar e opinar. Milton, no *Areopagítica*, traduz esse sentimento monumental de liberdade de imprensa, ou de exprimir as opiniões por meio de um suporte inovador, o papel impresso por tipos móveis. O sujeito moderno começa a ser projetado e realizado na filosofia liberal, cuja ética reconhece no homem o sujeito capaz de pensar, raciocinar e assumir conscientemente os atos de intervenção no meio político, no espaço público. É a construção da subjetividade individual.

Após as profundas rupturas com os regimes monárquicos, o Estado moderno se funda na República e na liberdade dos indivíduos em promover riqueza e ingressar no universo político por meio das eleições. O século XIX é o momento da maior expressão da modernidade que caminha para configurar uma economia capitalista industrial que vai remodelar as relações de produção. Novas fontes de energia como o vapor, a eletricidade e mais tarde o petróleo desenham um novo momento para a civilização ocidental, que encontra no avanço tecnológico respostas inúmeras às novas necessidades. A produção jornalística se reorganiza em fábricas de notícia.[4] A primeira agência noticiosa é fundada por Charles Havas, em 1835, para comercializar informação de interesse econômico e político. Havas começou o rico negócio traduzindo notícias estrangeiras para comerciantes e jornais parisienses.

Estão dadas as condições para que os jornais adquiram um novo *status*, agora baseados na estrutura industrial capitalista. As agências noticiosas são organizações que se especializaram, desde a origem, em comercializar informações econômicas e políticas com dimensão estratégica para os negócios de destacados banqueiros e comerciantes europeus, os quais dependiam de notí-

---

4 Não apenas a imprensa burguesa ascendeu na Europa e no continente americano. A imprensa de viés socialista, comunista, anarquista, sindicalista, enfim, da esquerda revolucionária ou não, se manifesta reiteradamente e por todos os cantos. A tradição instaurada pela Revolução Francesa, cenário em que diversas facções produziam libelos e pasquins, forja um modelo de debate público materializado nas diversas folhas e títulos, sob o controle dos mais variados grupos ou partidos políticos. Para entender melhor o modelo de debate partidário e ideológico, ver DARNTON, R.; ROCHE, D. *Revolução impressa: a imprensa na França – 1775-1800*. São Paulo: Edusp, 1996.

cias sobre fatos longínquos, gerados nos conflitos coloniais africanos, índicos, asiáticos ou americanos. Charles Havas funda um modelo de organização empresarial especializada na produção noticiosa destinada a suprir de informações bancos e casas comerciais que dependiam do fornecimento de mercadorias ou matérias-primas oriundas de territórios distantes de suas sedes. As agências são modelos de produção noticiosa típicos da iniciativa privada, apesar de, curiosamente, a empresa de Havas ter sido encampada pelo governo francês pós-Segunda Guerra Mundial, quando criou a *France-Press*.

No Brasil, esse modelo chega tardio. Somente em meados do século XX é que os jornais iniciam o processo de modernização industrial.[5] Assim, passam a empreendimentos privados com um discurso propagandístico cujo argumento é a defesa da verdade ou do interesse público. O apelo à verdade é um recurso retórico pelo qual as empresas jornalísticas procuram se legitimar nas ações políticas e econômicas, sem as quais não sobreviveriam.

Modelos – A posse sobre os jornais é um problema de fundo para a construção de critérios para leitura das notícias. Sem considerar a posse, não é possível compreender a destinação das notícias e das opiniões publicadas. Desse modo, a leitura do relato noticioso produzido por jornais impressos ou eletrônicos é incompleta e até alienante se não for considerada a referência jurídico-contratual que estabelece a posse. É exatamente nessa condição, a da propriedade, que muito se esclarece sobre a política e o projeto editorial do jornal. E neles se encontram a materialização dos interesses privados.

Hoje, os jornais podem ser definidos como organizações midiáticas de pequeno, médio ou grande porte econômico, cuja estrutura administrativa e

---

5 O serviço das agências noticiosas européias chega ao Brasil quando é instalado o primeiro cabo telegráfico transoceânico entre a cidade do Recife ao bairro Carcavelos, de Lisboa, passando pela Ilha da Madeira e São Vicente (Cabo Verde). A obra, tocada pelo patrono do empresariado brasileiro, Irineu Evangelista de Sousa, o Barão de Mauá, é um empreendimento privado na origem, por força do perfil do barão. Aí foi fundada a Brazilian Submarine Telegraph Co. A instalação do cabo consumiu dois anos de trabalho, de 1872 a 1874 (Costella, 2002). O primeiro periódico brasileiro a dispor dos serviços de agência noticiosa foi o *Jornal do Commercio*, RJ, na edição de 1º de agosto de 1877. O jornal havia contratado o serviço da Reuters-Havas, cujo escritório fora instalado no Rio de Janeiro em 1874. As notícias, como não poderiam deixar de ser, tratavam de fatos ou assuntos ocorridos na Europa, em especial na Inglaterra.

contábil sustenta hierárquica e sistematicamente os processos de produção e comercialização das notícias e opiniões. Ocorre, porém, propriedades distintas da privada. O Estado, associações corporativas e sindicais, organizações não-governamentais e até indivíduos detêm a posse de veículos jornalísticos com os mais variados fins. A posse dos jornais pode ser caracterizada por ser:

1. Privada – organização de propriedade de um ou mais indivíduos, que constitui a empresa jornalística por meio de contrato regulado pelo Direito Civil e Comercial. Os jornais privados formulam nos espaços e tempos (impressos e eletrônicos) conteúdos pelos quais procuram discursar sobre os fatos e idéias cotidianas, de atualidade. Destaco, em especial, os jornais impressos, os quais devem ser distinguidos pela qualidade e abrangência de conteúdos e circulação. Os chamados grandes jornais (os norte-americanos denominam de *quality papers*) pertencem a organizações que não mais focam os negócios apenas numa publicação. As empresas diversificaram os negócios e passaram a receber investimentos de outros grupos empresariais que vêem nos jornais uma ferramenta de disseminação de seus interesses, nem sempre revelados adequadamente. Hoje, consolida-se a tendência mercadológica de as empresas jornalísticas deterem variados negócios na área midiática, como portais na Internet, gráficas, emissoras de televisão em canal aberto ou fechado etc. No Brasil, esse quadro é revelador do processo de concentração midiática já demonstrada em diversos estudos (Lima, 2001).

2. Estatal – organização de propriedade de uma instituição governamental, pode ser o poder executivo, legislativo ou judiciário, cuja existência é gerada por força de lei. No caso, a publicação jornalística só é possível de ser produzida e circular conforme a lei que a ampara. A agência de notícias Brasil (http://www.agenciabrasil.gov.br/), por exemplo, é órgão mantido pelo governo federal, com o objetivo de produzir e difundir informações na forma noticiosa para os mais diversos veículos de comunicação tanto domésticos como estrangeiros.

3. Partidária – veículo impresso ou eletrônico sob a propriedade de um partido político, regularmente fundado e reconhecido socialmente para representar um segmento ideológico da sociedade organizada politicamente. Na Europa, diversos são os jornais com essas características, como o francês *Le Monde* (fundado em 1944 com o objetivo editorial focado no Socialismo),

ou os italianos *L'Unitá* (órgão fundado pelo Partido Comunista Italiano). Era o jornal oficial do partido até 2000, quando foi vendido para novos proprietários) ou *L'Osservatore Romano*, publicação nascida em 1861, com a finalidade editorial de promover o Estado Pontifício do Vaticano. No Brasil, os grandes partidos produzem não somente jornais impressos como digitais, on-line, como o PT, PSDB, PMDB e o PCdoB, entre outros.

4. Associativa – a propriedade se caracteriza pela associação de indivíduos e entidades regularmente funcionais que produzem jornais com objetivos específicos em favor da ideologia ou dos interesses sociais prevalecentes. Fundações, sociedades civis beneméritas ou filantrópicas, institutos acadêmicos, entre outros, são organismos que detêm a posse de publicações periódicas com características jornalísticas.

5. Sindical – os sindicatos são corporações representativas de trabalhadores ou de empresários proprietários. Vários deles publicam periódicos com o intuito de difundir os interesses das categorias e corporações trabalhistas ou capitalistas no exercício da defesa remunerativa ou sócio-trabalhista. São publicações corporativas, fundamentalmente. Exemplo é o *Jornal do Sinpro Campinas*, que circula (4 mil exemplares) entre os professores sindicalizados na base territorial do sindicato.

6. Pessoal – mais raro quando impresso, mas hoje bastante disseminados pela tecnologia dos blogs na Internet. O jornal pessoal se caracteriza pela completa produção individual de um jornalista que detém não somente a propriedade como se incumbe de todas as tarefas e etapas da produção e circulação. Dois exemplos podem ser citados: o *Jornal do Poste* (Costella, 2002) e *A Cana*. O *Jornal do Poste* foi fundado em 1958 pelo fiscal de Tributos de Minas Gerais, em São João Del Rey, João Lobosque Neto. Era editado em uma folha de papel (23,7 cm × 65,8 cm) e datilografado. A reprodução de cópias em papel carbono e afixados diariamente em postes da cidade. Era lido nas emissoras de rádio da região e até de Belo Horizonte. *A Cana* (Carneiro & Kossoy, 2003) foi um periódico clandestino, redigido e editado dentro da prisão pelo militante anarcosindicalista Rodolpho Felippe, na década de 1930, durante o regime ditatorial de Vargas. Felippe era o redator-chefe do jornal *A Plebe*, órgão surgido no movimento anarcosindicalista. Esse único exemplar concorreu com outro jornal manuscrito por Felippe, *O Xadrez*. Os artigos

publicados foram considerados "violentos" e atentatórios contra a Segurança Nacional, o que valeu vários processos contra o autor.

Para uma leitura crítica – Ao conhecer um jornal por meio das informações disponíveis, qualquer cidadão pode exercer um papel determinante para contribuir com a democratização e a honestidade das informações. Para o professor que utiliza o jornal em sala de aula, alguns critérios devem ser adotados como referência para uma leitura crítica, reveladora. Isso porque é possível detectar pelas páginas dos jornais uma série de artifícios ideológicos que contribuem para revelar a posição da empresa jornalística diante dos mais variados problemas sociais, como o desempenho individual dos jornalistas na apuração e na redação noticiosa.

A leitura sobre os relatos noticiosos ou opinativos se constitui num ato essencialmente crítico de descoberta sobre os conteúdos factuais ou temáticos presentes na construção do jornalismo e sua relação com o mundo social. A diversidade presente no exercício da produção jornalística contribui para qualquer escola ou professor desenvolver atividades disciplinares ou multidisciplinares de modo a dotar o aluno de um conjunto de informações e elementos simbólicos que o permitam se relacionar com esferas sociais distantes de sua realidade.

Ao ler os jornais impressos, qualquer leitor se depara com um espaço tenso de expressão conflitiva entre os interesses privados e os interesses públicos, relatados por meio de técnicas especializadas. Os conteúdos são tratados conforme o projeto gráfico (estética) e os compromissos éticos que orientam o fazer e a escolha noticiosa. A leitura crítica permite construir revelações sobre o modo como os jornais "observam" e interpretam a realidade cotidiana e discursam sobre ela.

Pequenas e médias empresas jornalísticas costumam publicar "reportagens" sobre negócios e empresas anunciantes em suas páginas. Os textos e imagens são planejados e editados de modo que o conteúdo trate positivamente dos serviços, dos produtos e da organização privada ou estatal sem explorar possíveis conflitos ou versões divergentes sobre o fato. Um dos caros requisitos para o bom jornalismo é o tratamento crítico que deve orientar a apuração dos fatos e temas. Nesses casos, os jornais desprezam o tratamento crítico e divulgam fatos e temas de interesse dos anunciantes na forma de notícia ou reportagem, num evidente desrespeito ao leitor que se habituou à expectativa de ler um texto isento, crítico e revelador.

Se, de fato, os jornais devem ser usados em sala de aula como ferramenta didática de aprendizado, seu conteúdo trata das coisas do mundo social, criado e construído pelos interesses diversos gerados nas esferas privadas e públicas. Assim, o jornal se torna uma ponte entre o aluno, o professor e a realidade cotidiana nem sempre acessível em todos os seus aspectos. Ele serve de intermediador dotado de características ideológicas e valorativas que precisam ser conhecidas para a referência da leitura crítica sobre o modo de fazer o jornal e como esse modo lê a realidade e qual realidade. Mesmo porque o ato de editar um jornal é uma prática de escolha e seleção sobre o que é relevante ou não para a demanda editorial e mercadológica da empresa de comunicação.

Para contribuir com os critérios e métodos de leitura dos jornais impressos, proponho algumas questões que ajudam a orientar o processo de revelação sobre o que são os jornais que enfrentam, de modo geral, uma crise econômico-financeira que resultou na mudança e adequação de suas estruturas às novas realidades mercadológicas. Os jornais deixaram há tempos de ser veículos da idealização e realização de projetos sociopolíticos para se transformar em produtos mercadológicos submetidos às regras da competição do consumo. Assim, redações foram reduzidas a um número mínimo de jornalistas que assumem cada vez mais um número amplo de tarefas, que resultam em relatos noticiosos superficiais e sem densidade conteudística. Os grandes jornais (*quality papers*) procuram sobreviver às intempéries econômicas e mercadológicas de modo que combine qualidade informativa com escassez de profissionais, ao aplicar o método gerencial predominante na administração empresarial contemporânea, que visa rigorosa e determinantemente a reduzir custos e ampliar os ganhos.

Esse cenário não pode ser desprezado na leitura crítica dos jornais, sob pena de o resultado produzir interpretações desconexas e ilusórias marcadas pela idéia de senso comum de que os jornais publicam "a verdade", como meios imparciais e isentos no trato dos fatos. Com a reduzida quantidade de jornalistas nas redações e baixos investimentos na estrutura que permite a produção noticiosa, os jornais abrigam jornalistas que dependem fundamentalmente dos *press releases* e do telefone como meios de obtenção de informações e dados. Os portais e sites na Internet são outras fontes de informação que orientam pautas e relatos noticiosos. Assim, as pautas e os conteúdos publicados em jornais impressos são gerados por razões endógenas, manuseadas por interesses externos à redação. A teoria do jornalismo independente recomenda a produção de pautas e a apuração orientada pelos interesses jornalísticos e pela política editorial dos jornais comprometidos com as demandas públicas e sociais. Quando os jornais preferem os *press releases* como pauta ou como notícia a ser publicada, fazem uma opção pela dependência e não pela autonomia editorial. Assim, os interesses privados ou governamentais ou corporativos passam a orientar a produção editorial, a fim de fazer dos jornais meios de propaganda ou de difusão de conteúdos institucionais acríticos.

Para uma leitura analítica sobre os procedimentos e conteúdos jornalísticos, algumas questões devem orientar o professor em sala de aula, a fim de considerar duas condições: a propriedade e sua dimensão institucional e os relatos e sua dimensão técnica, estética e ética – na condição institucional, o professor e o aluno devem buscar informações sobre a propriedade e a política editorial que orientam a produção jornalística. Ao conhecer os proprietários, inicia-se o desvendamento de suas ideologias e interesses. Quanto aos relatos noticiosos ou opinativos, as questões devem ser orientadas pelos seguintes problemas:

a) Quem são as fontes de informação (oficiais, informais, aleatórias, engajadas)? As fontes são reveladoras das escolhas ideológicas feitas pelos jornalistas na apuração das informações. Profissão, *status* socioeconômico, titulação acadêmica, cargo público ou privado são referências para melhor entendimento dos conteúdos declarados pelas fontes.

b) Predominam as declarações ou respostas resultantes da provocação crítica do repórter? Cabe ao repórter apurar os fatos e as idéias por meio de questões, e não simples indagações pessoais, em especial as perguntas fechadas, como "você concorda com isso?", cuja resposta é sim ou não, sem que haja explicitação das razões que sustentam a afirmação ou a negação. Questões subentendem problemas, os quais abrigam contradições, incoerências, conflitos e divergências. A aplicação de questões permite melhor exploração dos fatos e das idéias.

c) O repórter esteve no local e descreve o cenário? A ausência do repórter no cenário da reportagem é uma perda essencial resultante da falta da observação direta. Quando o repórter apura as informações somente por telefone ou e-mail ou fax, deixa de proceder com uma das ferramentas essenciais para construir uma descrição ou uma narração baseada na capacidade crítica e sensível que contribuem para a interpretação e solução redacional.

d) O contraditório está presente no relato? A sociedade é conflitiva e o ser humano é rico em contradições. A natureza humana e social se constitui em referência vital para a leitura do cotidiano de qualquer comunidade. Explorar as contradições significa produzir relatos com várias versões, interpretações e perspectivas, tanto das fontes como dos jornais, como se recomenda a ética e a teoria noticiosa.

e) O contraditório é modelado pela exclusividade, pela polarização ou pela pluralidade de fontes? A presença de versões distintas e contraditórias revela o esforço da apuração e da investigação do jornalista, a fim de provocar a busca da verdade factual de modo autônomo e independente. Encontrar fontes diversas e qualificadas, com opiniões ricas e pertinentes, e que sejam autoridades no que dizem é parte do esforço da reportagem. Elas dão maior sentido e clareza ao relato jornalístico, desde que bem aproveitadas pelo repórter.

f) O relato revela ou oculta? Denuncia ou esconde? O relato noticioso tem finalidade maior de revelar, de desvendar, de trazer ao leitor a novidade. A notícia ou a reportagem deve esclarecer o fato ou o assunto. Por isso, a intenção do jornalista é apurar as informações, ouvir as pessoas, questionar e refletir sobre o tema da pauta a fim de oferecer ao leitor um discurso didático, que o oriente sobre como conhecer o fato em sua complexidade social. O jornalista tem um compromisso com a revelação, e não com a ocultação.

A leitura dos jornais impressos é antes de tudo um exercício intelectual. As crianças e os jovens submetidos à pratica da leitura de jornais em sala de aula são envolvidos numa teia de aprendizado crítico, por meio do qual se constrói a capacidade de interpretação e compreensão racional dos problemas e fatos sociais. O professor adquire, nesse ambiente, uma importância estratégica de estímulo e orientação, a fim de provocar no aluno o senso de observador partícipe de uma realidade que é construída também pela leitura. Assim, os jornais e seus conteúdos contribuem para o aluno e o professor arquitetarem a realidade cuja importância social se manifesta à medida que a notícia pode revelar ou ocultar. E aí se encontra o desafio do aprendizado crítico.

Referências bibliográficas

BOBBIO, N. *Estado, governo e sociedade: para uma teoria geral da política.* Rio de Janeiro: Paz e Terra, 1987.

BRIGGS, A.; BURKE, P. *Uma história social da mídia: de Gutenberg à Internet.* Rio de Janeiro: Jorge Zahar, 2004.

CARNEIRO, Maria L. T.; KOSSOY, B. (orgs.). *Imprensa confiscada pelo DEOPS – 1924-1954.* São Paulo: Imprensa Oficial, 2003.

COSTELLA, Antonio F. *Comunicação: do grito ao satélite.* São Paulo: Mantiqueira, 2002.

LIMA, Venício A. de. *Mídia: teoria e política.* São Paulo: Fundação Perseu Abramo, 2001.

LUSTOSA, I. *O nascimento da imprensa brasileira.* Rio de Janeiro: Jorge Zahar, 2003.

MARTINS, Wilson. *A palavra escrita: história do livro, da imprensa e da biblioteca.* São Paulo: Atlas, 1996.

MILTON, John. *Areopagítica: discurso pela liberdade de imprensa ao Parlamento da Inglaterra.* Prefácio de Felippe Fortuna. Rio de Janeiro: Topbooks, 1999.

RIZZINI, C. *O livro, o jornal e a tipografia no Brasil.* São Paulo: Imprensa Oficial, 1988.

Discutindo as Relações entre a Escola e o Currículo do Jornal

Saraí Schmidt

Quando fui convidada pela Comissão Organizadora do 2º Seminário Nacional "O Professor e a Leitura do Jornal" para participar dessa mesa, recebi a seguinte tarefa: *discutir questões sobre a leitura do jornal e sala de aula.* Jornalistas, pesquisadores, professoras e professores estão reunidos nesse encontro com o objetivo de criar e consolidar um espaço para reflexão sobre o binômio escola–jornal. Fiquei pensando o que poderia interessar às pessoas que estão pesquisando as relações mídia e escola ou atuando diretamente na sala de aula com crianças. Talvez, para muitos, a discussão da relação mídia e educação devesse no mínimo apontar propostas que impliquem a utilização da mídia (jornais, televisão, Internet, cinema) como mais um recurso didático dentro da sala de aula para envolver alunos e professores. Num primeiro momento fiquei inclinada a ocupar este espaço fazendo um relato a partir de minha experiência como jornalista dedicada ao campo da educação, apontando possibilidades do uso do jornal como elemento importante para a contextualização dos conteúdos escolares e fundamental para estudantes, professoras e professores. Mas, ao mesmo tempo, acredito que antes de partir para o relato de experiências, temos que refletir sobre o que as pessoas estão lendo, seja nas páginas dos jornais ou navegando na Internet.[1]

A opção por pesquisar a mídia me remete para o território das pedagogias culturais, pois sabemos que a mídia ocupa um importante espaço pedagógico ensinando diferentes formas de viver. A "cultura da mídia" nos acolhe, nos conforta e nos capta para a construção do nosso modo de ser. Ou seja, aprendemos na mídia quem somos e quem são os outros, ou ainda, como são aqueles aos quais desejamos ser iguais ou diferentes. Assim, penso ser cada vez mais necessário para pesquisadores(as) dos campos da Educação e Comunicação problematizar, buscar um olhar de estranhamento para a forma como a mídia tem tratado a construção de pautas sobre como deveria ser a escola na contemporaneidade.

Muito se fala na crise da leitura ou no desinteresse dos jovens pela leitura, ao mesmo tempo que temos um acelerado crescimento de publicações, suplementos de jornais e revistas voltados para o público jovem. Minha curiosidade é tentar discutir o que desperta os ditos "rebeldes", "patricinhas", "descolados", para a leitura, enquanto tantos estudiosos anunciam a agonia do hábito da leitura entre as novas gerações. Fico particularmente interessada em analisar a forma encontrada pelas editoras para propor um novo tipo de leitura, sintonizada com nosso tempo. Percebe-se que isso implica oferecer ao jovem páginas sedutoras, com textos dispostos ou diagramados em formatos que fogem à leitura linear como a dos livros, ou seja, trata-se de revistas em que as imagens são sempre preponderantes em relação às palavras. Estamos diante de uma outra forma de leitura, e que as revistas anunciam como um "estilo jovem" de ler e consumir ou, como alerta Beatriz Sarlo, estamos "numa época em que a cultura juvenil se enfrenta com a cultura letrada e esse campo de batalha simbólica são os meios de comunicação".

Talvez aqui possamos refletir sobre o espaço da leitura na escola. Como ele ocorre? Como nós, professores, que somos oriundos da escola mais pró-

---

1 Esse texto foi estruturado para exposição oral utilizando uma linguagem coloquial. Contempla uma síntese de discussões desenvolvidas em SCHMIDT, Saraí. *A educação nas lentes do jornal.* Porto Alegre: UFRGS, 1999. Dissertação de mestrado em Educação, Faculdade de Educação, Universidade Federal do Rio Grande do Sul, 1999.

xima da leitura de livros, da leitura linear de palavras e que não vivemos o fenômeno da informática ou da proliferação de imagens na nossa infância, hoje lidamos com nossa leitura? Será que somos leitores ávidos por que tivemos uma outra infância ou uma outra escola?

Discute-se a nova forma de leitura em que estamos imersos (televisão, videoclipes, *videogames*, *outdoors*), quando vivemos a fragilidade das instituições educacionais formais como fonte de saber, num tempo em que "a escola é, para os adolescentes, o lugar da pobreza simbólica, porque é um espaço não exclusivo nem hegemonicamente midiático. Quando a administração educativa perde poder e recursos, os grandes ministros da educação são, na verdade, os gerentes e programadores do mercado, cujos valores não impulsionam uma sociedade de cidadãos iguais e sim redes de consumidores fiéis". (Sarlo, 1997)

Temos que ir além de uma discussão quantitativa e geográfica, é preciso colocar em pauta a qualidade, a consistência da escola e da informação veiculada na mídia. Pois é impossível de escapar à presença, à representação da mídia. A mídia deve ser vista aqui como uma dimensão central das nossas experiências como homens e mulheres desses tempos. Experiência não como ação, mas como algo que nos toca, nos afeta, nos constitui.

Saliento que tivemos na última década um aumento considerável de empresas jornalísticas que desenvolvem projetos de jornal na educação. Hoje, em vários países, muitos jornais desenvolvem programas semelhantes. Aparentemente todos esses projetos preocupam-se em oferecer subsídios à utilização do jornal no espaço escolar. Em outras palavras, os grupos jornalísticos desenvolvem projetos para utilizar pedagogicamente os jornais na sala de aula. Num panorama geral, esses jornais defendem em suas propostas que o investimento nesses projetos visa a formação do leitor permanente, além de formar leitoras(es) críticas(os), oferecer um material atualizado sobre a "realidade" do mundo e atualizar o currículo escolar.

Lembro que cerca de 40 empresas jornalísticas desenvolvem projetos de jornal na sala de aula. Isso implica que, além de serem lidos pela comunidade alheia ao ambiente escolar, talvez poderíamos dizer o "leitor comum", também são enviados para as escolas, nas quais são manuseados por professoras, professores e estudantes. Como forma de estimular esse manuseio dos jornais nas escolas, são produzidos materiais pedagógicos, com sugestões de atividades sobre o uso do jornal na sala de aula. Esses materiais, produzidos pelos jornais, "ensinam" a professoras e professores maneiras de utilizar "pedagogicamente" o jornal.

Na defesa ou na justificativa desses programas de leitura do jornal na escola, temos sempre associada a idéia de conquista da cidadania, pelo domínio da razão e conseqüente leitura crítica da realidade. Ou seja, essas propostas estão enquadradas no ideário iluminista. A proposta de levar o jornal para escola está calcada na idéia de levar a "verdadeira realidade" para a escola. A "realidade" dinâmica, atual, multifacetada, a informação fiel que subsidiaria e ultrapassaria o currículo "ultrapassado" das escolas. Essas idéias estão encaixadas na proposta de a humanidade ter acesso a informações que lhe darão condições de compreender melhor o mundo. Tais idéias são facilmente associadas à crença num sujeito transcendental, centrado e que atinge a liberdade pela conscientização, pelo exame crítico que procuraria ultrapassar os condicionamentos ideológicos.

Essa pequena apresentação de alguns projetos mantidos por empresas jornalísticas que estão, sistemática e efetivamente, colocando o jornal como ferramenta pedagógica visou apenas chamar a atenção para a noção de que a leitura do jornal na sala de aula, hoje, faz parte do cotidiano de muitas escolas brasileiras. A entrada livre do jornal nas salas de aulas está integrada a propostas político-pedagógicas que justificam que, a partir da leitura dos jornais, alcançaremos a almejada contextualização do currículo escolar. Essas propostas, de uma maneira geral, sugerem que a escola está fora da "realidade" e que o jornal seria a possibilidade de conectar a escola com a "verdadeira realidade" do mundo, com o que "realmente" acontece no mundo "verdadeiro". Como se o jornal estivesse à frente da escola e pudesse dar conta de importantes conteúdos que à escola não consegue abarcar. É nesse sentido que também considero importante discutir o que está sendo produzido e colocado em circulação pelos jornais sobre a educação todos os dias.

Ressalto que compactuo do entendimento de que o jornal pode ser um recurso extremamente produtivo para engendrar discussões produtivas acerca de aspectos os mais variados, sobretudo se o confrontarmos com os conhecimentos cristalizados no livro didático. Mas isso, na minha ótica, depende de sua articulação com o planejamento da professora ou do professor. Em outras palavras, estou dizendo que considero importante e produtivo levar o jornal para a sala de aula e isso implica também uma discussão sobre aquilo que é apresentado no jornal como uma verdade absoluta. É nesse sentido que considero importante e produtiva a discussão sobre aquilo que a mídia nos ensina todos os dias, seja no rádio, nos jornais, nas revistas, na televisão ou mesmo na Internet.

Portanto, em vez de analisar a utilização do jornal como instrumento pedagógico ou o jornal na sala de aula, optei por discutir o jornal como sala de aula. Entendo que a mídia também nos ensina a olhar o mundo de uma forma peculiar, assim como ela nos ensina como devemos olhar para a escola. Considero importante repensar a mídia uma forma de "aprendizagem" e lançar outros olhares, inclusive para as reportagens publicadas diariamente na imprensa, no sentido de serem compreendidas como uma construção histórica e social e que, na maioria das vezes, é simplesmente aceita como natural e objetiva, sem possibilidade de questionamentos. Muitas vezes, o conhecimento adquirido e multiplicado por meio do jornal é desconsiderado no ensino formal ou então, quando utilizado "pedagogicamente", é trabalhado como apenas mais uma atividade que permite entender como é mesmo o mundo ou a "realidade" desse mundo.

Assim, falar em pedagogia hoje é algo complexo e que vai além dos espaços escolares. Ou melhor, é borrar essas fronteiras, tão insistentemente demarcadas por alguns, sobre aquilo que é e aquilo que não é educativo. Falar na pedagogia da mídia, por exemplo, é compreender que ao lermos um jornal, ao olharmos uma novela, estamos aprendendo coisas, estamos sendo constantemente interpelados por discursos que nos conformam e nos subjetivam.

Nesse sentido, mais do que analisar o jornal como um mero recurso para a atualização do currículo, proponho discutir como a imprensa opera na construção do currículo escolar, da profissão docente, do comportamento estudantil, da disciplina, das relações, da sexualidade e de tantos outros elementos que integram o campo da educação. Ampliar e articular interações mais efetivas e significativas com o jornal, no sentido de perceber que o texto jornalístico não trabalha com simples letras, papéis, imagens, cores, mas que todos esses elementos são conformados numa complexa textualidade aberta e produtiva.

As representações da educação na mídia tornam hegemônicas, "naturalizam", determinadas idéias ou concepções e, inclusive, criam temas escolares. Ou seja, abrir espaço para a discussão dos meios de comunicação na escola parece-me uma das possibilidades de repensarmos nossa prática e promovermos um debate na sala de aula.

Seja na televisão, revistas ou jornais, a mídia está presente, criando e multiplicando representações. Não precisamos sair de casa; a mídia invade nossa casa e nos leva para grandes viagens pelo mundo da novela, da natureza, do dinheiro, da guerra, do amor. Não temos a opção de entrar, ou não, no mundo da mídia. Somos parte do cenário e não meros espectadores ou observadores.

Quando nos deparamos com a virada do século, marcada pelo avanço tecnológico e o acesso à informação aliados às promessas de "igualdade" da globalização, uma discussão sobre as relações entre mídia e educação configura-se num tema importante para todas(os). Nesse sentido, uma perspectiva "crítica" tem que levar em conta que uma concepção de educação não se limita a dar competência para as pessoas viverem neste mundo competitivo, como se a lei do mercado fosse o ideal a ser seguido por todos e inclusive direcionando os currículos escolares.

Ao olharmos os jornais, estamos todos os dias vivenciando um currículo que nos ensina coisas sobre o mundo e sobre nós mesmos, o lugar que ocupamos ou aquele que deveríamos desejar ocupar ou, ainda, o lugar que deve ser ocupado por uns e outros neste mundo. Partindo desse pensamento e olhando as imagens multiplicadas pela mídia diariamente, posso dizer que mulheres, homens, negras(os) e brancas(os), todos têm uma posição para ser ocupada de acordo com o currículo cultural no qual o jornal está incluído.

Cotidianamente os jornais apresentam uma série de reportagens sobre diferentes experiências "pedagógicas" que vislumbram o desenvolvimento pela preparação dos estudantes para os novos desafios da sociedade. Quando analiso os jornais como uma sala de aula, talvez possa compreender a mídia como construtora e disseminadora de um currículo cultural que nos conforma, nos subjetiva, nos interpela. Ao mesmo tempo, grandes organizações divulgam campanhas, oferecendo saídas mágicas pelo caminho da educação, como alternativa central e inquestionável para os problemas sociais do país. Uma das expectativas fortalecidas e disseminadas pela mídia é que a partir de um "bom" e eficiente projeto de educação encontraremos o caminho para a conquista de uma sociedade mais desenvolvida. A educação tem sido apontada tanto como vilã quanto como salvadora, quando o assunto é o progresso do país. Nela está contabilizada a responsabilidade da preparação do futuro trabalhador, da conquista da cidadania, da falta de desenvolvimento tecnológico. Tanto os avanços quanto as dificuldades são colocadas sobre os ombros da eficiência ou ineficiência de um projeto educacional.

As documentações jornalísticas estão mostrando os altos índices de crianças sem escola e apresentando a marginalização dessas crianças como conseqüência da falta de oportunidades que "somente" o estudo poderia oferecer. Esse currículo diz o que é certo e o que é errado quando somos seduzidos pelas imagens coloridas divulgadas em anúncios publicitários, prescrevendo a "verdadeira" maneira de ser mulher e de ser homem; quando vemos publicadas nos jornais fotografias de crianças "pobres" da rede pública utilizando um computador e ratificando a idéia da tecnologia da informática como caminho para a salvação da escola; quando uma pessoa sendo alfabetizada aos 90 anos de idade nos emociona e nos faz pensar acerca da importância do nosso esforço individual na busca de nossas conquistas.

Espero que professoras e professores, ao levarem o jornal para a sala de aula, consigam trabalhar com os estudantes a fim de tomar aquilo que está no jornal, não como uma verdade absoluta sobre os fatos, mas como uma das múltiplas versões possíveis sobre os fatos. A análise dos meios de comunicação pode contribuir para a discussão sobre como a mídia participa na construção de concepções hegemônicas sobre educação, como relações de poder forjadas e operantes na arena cultural vão consolidando e legitimando concepções, fortalecendo posições político-filosóficas, produzindo identidades e coordenando sujeitos.

Talvez possamos desenvolver uma pedagogia na busca de um olhar ativo para a mídia que nos invade. Mas não apenas no sentido de desenvolver técnicas de leitura estética para analisar as imagens publicadas no jornal ou atividades didáticas sobre o uso do jornal na sala de aula. Ou ainda com treinamentos, quando subestimamos professoras e professores prescrevendo receitas de atividades que "deram certo". É preciso estar atento para a complexa rede de representações que a mídia constrói. A partir daí, talvez seja possível iniciar os contornos de uma discussão sobre como a imprensa opera na constituição de nossas identidades.

Referências bibliográficas

SARLO, Beatriz. *Cenas da vida pós-moderna*. Trad. de Sérgio Alcides. Rio de Janeiro: Editora UFRJ, 1997.

SCHMIDT, Saraí. *Educação em tempos de globalização*. Rio de Janeiro: Editora DP&A, 2001.

Por Que, Afinal, a Leitura de Jornais na Escola?

Juvenal Zanchetta Junior

Nesta exposição, esboçamos um breve quadro acerca das razões pelas quais se preconiza o uso do jornal na escola, para então lançarmos um pouco mais de luz sobre alguns aspectos ainda mal delineados no terreno comum entre a educação formal e a mídia na escola. Em primeiro lugar, vejamos os consensos já relativamente assentados no circuito educacional.

Nas últimas décadas, há esforço para didatização ou sistematização do objeto jornal para o cenário escolar. Esse esforço é mais diluído em relação aos suportes audiovisuais e ainda mais embrionário no que diz respeito ao enfrentamento da mídia. Tal exercício, no entanto, está baseado em alguns consensos ou expedientes que se reproduzem cada vez mais no circuito escolar:

a) O jornal impresso, principalmente por se mostrar próximo dos suportes convencionais da escola, baseados na linguagem escrita e na ilustração de referência, tornou-se um recurso pedagógico (há cerca de duas décadas). O jornal tem sido explorado de forma pretextual. Diversas disciplinas e sobretudo a Língua Portuguesa fazem da prática de leitura de textos de jornal um modo de conduzir atividades regulares de compreensão textual e exploração gramatical (posto que esse exercício não é mais atrelado aos textos literários). É certo que outras disciplinas têm maior dificuldade para explorar tal recurso. Em disciplinas como a Física, a Química e a Matemática, por exemplo, é preciso muito conhecimento e criatividade para compatibilizar informações jornalísticas com noções curriculares convencionais. Não significa que não haja no jornal material fértil para trabalho com aquelas áreas, mas sim que tais noções não se apresentam sob um formato à primeira vista "didatizável".

b) Mais recentemente, o jornal configura-se, ainda que de maneira discreta, como um objeto de estudo. A informação jornalística passou a fazer parte do currículo escolar. Basta notar que boa parte do material pedagógico contemporâneo reproduz informações de imprensa, para o tratamento de temas sociais (vida urbana, juventude, problemas cotidianos, violência, meio ambiente, entre outros), principalmente. Parte de jornais e revistas de prestígio significativa parcela do saber que circula na escola sobre diversos assuntos da ordem social, desde sexualidade até o mercado de trabalho. Note-se, aliás, que a chancela para o tratamento desses temas não passa por um filtro digamos "escolar", mas pelo prestígio dos meios que veiculam as informações.

c) Na mesma esteira, os jornais passaram a ser vistos como uma espécie de ponte ou janela para o "mundo real". As informações de imprensa serviriam para fazer com que a escola saísse do isolamento curricular convencional, fazendo transitar, se possível de maneira transversal, um conteúdo mais dinâmico, ligado ao dia-a-dia.

d) Ainda no mesmo caminho, a prática de trabalho com jornais estaria associada à idéia de melhoria da formação para a cidadania. Além de auxiliar no exercício de conscientização sobre temas específicos (como as questões ambientais, por exemplo), o jornal ajudaria no exercício de politização gradativa dos jovens.

As orientações pedagógicas oficiais, como os Parâmetros Curriculares Nacionais (PCN) e a política para os livros didáticos, os projetos de formação continuada, o perfil da preparação de professores desenvolvido pelos cursos de licenciatura e mesmo a história da prática pedagógica em diversos contextos apresentam, mesmo que de maneira ainda tímida, alguma sintonia com as proposições mencionadas anteriormente. Daí a preponderância de atividades que levem ao domínio da técnica jornalística, para auxiliar o professor a se locomover com maior desenvoltura por suportes como o jornal impresso. Santa Catarina, por exemplo, foi um dos primeiros, ou o primeiro, estados da nação a propor, por força de lei, o trabalho pedagógico com jornais nas escolas, incluindo-se a assinatura obrigatória de periódicos para as salas de aula. O texto dessa lei reflete características verificadas na maioria dos projetos que envolvem os meios de comunicação na escola: o investimento nas idéias de conteúdo ou informação ("ponte para a realidade" e cidadania).

No campo acadêmico, verifica-se avanço em termos de pensar a relação entre Comunicação e Educação. Há expressivo trabalho em desenvolvimento, para potencializar o uso do jornal e da própria mídia na escola. Em suas diversas vertentes, essas propostas apresentam significativo avanço no tratamento da questão. Em que pese o esquematismo (sempre grosseiro e redutor), algumas características parecem mais ou menos claras:

a) A idéia de autonomia dos receptores e principalmente dos professores e alunos. Deixa-se para trás a idéia da manipulação por parte da mídia: a identidade dos alunos desenvolve-se em boa parte a partir da interação midiática.

b) Superação da idéia da instrumentalização técnica, enfatizando-se a investigação do campo comunicacional/midiático no cenário escolar: a tônica estaria em potencializar os processos comunicativos, entre eles os midiáticos, a fim de levar os agentes escolares à autonomia a partir do domínio acerca de suportes e linguagens midiáticas.

c) O professor continua a exercer o papel de mediador, do mesmo modo como preconizam as tendências pedagógicas mais progressistas, mas passa a mediar não apenas conteúdos digamos curriculares, mas também processos comunicacionais/midiáticos. Suas funções vão desde a de animador até a de gestor de processos comunicacionais.

Apontamentos sobre o estado atual da questão

Constrói-se uma perspectiva que vai além da idéia da instrumentação, da informação técnica. Investe-se na observação do campo comunicacional havido na educação formal. Nessa perspectiva, privilegiam-se as ações de

Comunicação e de Educação para a Comunicação; a escola propriamente dita e as ações escolares ainda aparecem mal delineadas. Isso é facilmente explicável: a maior parte dos estudos relativos à Comunicação e Educação foi gestada na área da Comunicação e não no terreno da Educação. Não por acaso, a idéia de escola aparece, em diversos estudos, de forma caricatural: a) a escola é tradicional e refratária a novos conteúdos; b) os conteúdos formais escolares são pouco atraentes; c) os alunos mostram-se desinteressados; d) o professor é quem decide o que se vai ensinar, numa relação unilateral.

Chegamos então ao aspecto sobre o qual gostaríamos de lançar um pouco mais de luz ou um pouco mais de problema: a participação da escola, tal como ela se configura em termos de história (dela e de seus agentes). Por um lado, essa participação está definida: nas propostas já convencionais, cabe a ela o papel de instrumentação técnica dos alunos; nas propostas mais arrojadas (como a Educomunicação), a escola põe-se como terreno privilegiado de mediação. Mas, por outro, além do ponto de vista operatório, a escola precisa posicionar-se politicamente em relação ao campo midiático, em seu esforço de tentar sistematizá-lo para o exercício instrucional. Alguns fatores tornam essa definição importante para o norteamento do trabalho com a mídia no ambiente escolar:

a) Desinstitucionalização da escola (Dubet & Martuccelli, 1998): mesmo em franca expansão (com significativo atendimento no nível Fundamental e crescente atendimento do nível Médio), a escola não é capaz de suprir expectativas relativas ao mercado de trabalho, à própria continuidade da formação educacional dos indivíduos, e também não possui respostas consistentes para diversas outras questões, em geral resultantes da desigualdade socioeconômica do país. A tênue mas visível estabilidade dos procedimentos de formação por parte de professores e alunos presente até o início dos anos 1980 no país, mesmo em parte garantida à custa de diversos modos de exclusão, conferia à escola um papel regulador que hoje ela não consegue mais cumprir, levando-se à diluição de papéis e a um vazio crescente de autoridade.

b) Individualização do sujeito: numa sociedade em que o papel das instituições dilui-se cada vez mais, cabe, ainda segundo Dubet & Martucelli (1998), ao próprio sujeito a construção da sua experiência. Ele não é mais levado a introjetar papéis sociais determinados, mas obrigado a construir um caminho próprio, tendo em vista as circunstâncias disponíveis (escola, grupos sociais próximos, recursos financeiros, situação do mercado de trabalho). O que, para muitos, é um fenômeno ligado à idéia simplista de hedonismo e "presentificação" (o que importa é o momento presente), por outro lado significa uma espécie de confinamento: sobretudo numa escola com poucos recursos e pouca conectividade social, como a brasileira, o indivíduo passa a depender dele próprio (e isso passa a ser cobrado dele) para sua sobrevivência tanto dentro da escola como fora da escola (principalmente em termos de construção de perspectivas futuras).

c) Prevalência de discursos externos sobre um fragilizado discurso interno à escola (em conseqüência de um quadro de identidade fragmentada, tal como se observa hoje). Eis algumas manifestações nesse sentido:

- definição das políticas públicas contemporâneas: o atual projeto para a educação nacional foi organizado por especialistas com passagem por organismos internacionais, instâncias partidárias ou governamentais, não passando pela chancela das universidades, mas, antes, pela divulgação sistematizada desse projeto na mídia. O estudo de Sabino & Filho (2005), por exemplo, mostra como os "pais da nova escola" brasileira conseguiram legitimidade para as suas propostas (que se transformariam nas diretrizes oficiais da educação nacional) a partir das páginas da revista *Veja* e não pelo amadurecimento dessas idéias no meio universitário ou formador;
- valor político dos gêneros textuais de imprensa: a linguagem jornalística tornou-se referência de linguagem culta, mas o prestígio atual dos meios de comunicação é suficiente para se legitimar não apenas o registro, mas os conteúdos. A pauta (ou tábua) curricular atrela-se à agenda midiática: questiona-se, por exemplo, o papel da literatura e mesmo o do conhecimento já escolarizado, colocando em seu lugar um atualizado e dinâmico conjunto de informações proveniente dos meios de imprensa. Percebe-se, por outro lado, o reavivamento de estratégias que os estudos lingüísticos levaram décadas para relativizar no ideário escolar, como é o caso da onda recente de sobrevalorização da gramática normativa, a partir de programas de televisão e rádio, ancorados por "gramáticos", em geral vindos do próprio meio jornalístico;

• acelerada mudança no estatuto pedagógico da escola: o ideário republicano aplicado à instituição escolar (ainda que esta tenha sido reservada às elites durante boa parte do século XX), enfatizando-se valores morais, enciclopédicos, patrioteiros (durante o regime de exceção) ou mais politizadores (no período da abertura democrática), foi sendo substituído por uma perspectiva mais imediatista, para atendimento de questões sociais mais prementes. Acontecimentos políticos ou *faitdivers* encontram espaço na escola quase simultâneo à sua divulgação pela mídia – numa prática, aliás, bastante valorizada. Entre os principais porta-vozes midiáticos para o tema da Educação estão jornalistas, economistas, filósofos, sociólogos e psicólogos. São eles que assinam colunas ou aparecem na TV regularmente para discutir os problemas educacionais, a infância e a juventude.

É simplista acreditar que os discursos externos entrem para a escola por mera imposição. Há certo nível de consentimento, embora exista também resistência e desconforto quanto a diversos aspectos. Mas o que está pouco visível é uma interação política com esses discursos externos. Parece frágil o que podemos chamar de discurso interno à escola. E aqui está o aspecto que queremos destacar no que diz respeito às razões para se ler jornal na escola: ler para construir um agente coletivo, capaz de dialogar e participar da arena política que decide o perfil dos discursos predominantes e decisórios na vida da escola e do próprio país. Há fatores que dificultam esse exercício:

a) Em boa parte por conta da predominância de estímulos externos, pela superficialidade da abordagem dos organismos oficiais e escolas em relação ao tema, e pela própria falta de cultura pedagógica para o enfrentamento dos meios de comunicação, os gêneros noticiosos impressos e audiovisuais são abordados de maneira assistemática e dispersa. A preparação para o trabalho com os meios não faz parte do ideário da universidade e de outros centros de formação, como também não faz parte da prática cotidiana dos professores. Pesquisas diversas dão conta da apropriação iniciante dos professores no que diz respeito a suportes de informação. E, além disso, essa formação ou sugestão para formação é marcada pelo traço da individualidade (do "cada um por si");

b) Complicador para esse cenário são as transformações ocorridas nos suportes midiáticos contemporâneos, as quais promovem a aproximação e até a fusão de suportes, tornando bem mais complexa a apresentação desses materiais, como observa Ramonet (2003):

> "Poderíamos, há dez anos, falar dos meios de comunicação como um universo fechado, com sua própria lógica, com sua própria dinâmica, autônomo em relação ao resto do universo da comunicação, mas hoje isso não é mais possível. E por que não é possível? [...] A revolução digital [...] é essencialmente a mescla do texto, do som e da imagem. Antes havia um universo do texto, um universo do som, um universo da imagem; hoje isso está totalmente misturado".

Já é possível observar, no contato por meio eletrônico de grandes empresas privadas com seus clientes, a não acentuação das palavras, sob a justificativa de "facilitar a leitura", numa clara interferência dos fatores gráfico e oral (numa sociedade marcadamente oral, como a brasileira) na definição da forma da mensagem. Esse exercício de fusão é evidente no jornal impresso. Emprestam-se recursos da televisão, do rádio e da Internet, por meio da disposição gráfica ágil, textos curtos e diretos, e de uma informação cada vez mais esquemática e equilibrada entre texto escrito, imagem, ilustrações diversas, infográficos e projeto gráfico (afora os dispositivos de linguagem também inspirados em outros suportes). Tais mudanças implicam dificuldade a mais para a escola, cuja marca é a abordagem compartimentada em disciplinas, em conteúdos, em unidades específicas, em uma perspectiva didática linear, que contrasta com a simultaneidade dos estímulos recorrentes nos meios de comunicação.

c) Sob outro ângulo, observa-se o descompasso entre o percurso do conhecimento acerca da recepção midiática, cujas referências são os estudos comunicacionais, e o percurso trilhado pela Educação (com a evolução da idéia de leitura, baseada, sobretudo, nos referenciais da Literatura e da Lingüística). Os estudos recepcionais, quando se voltam para a escola, ainda buscam o desenho de um leitor autônomo – em parte, mesmo nos dias de hoje, ele é construído como oposição ao sujeito passivo que perpassa a evolução dos estudos sobre essa área (Gonnet, 2001; Morduchowicz, 2004; Masterman & Mariet, 1994) –, ao passo que os estudos sobre a leitura na escola já há décadas operam com a idéia de um sujeito leitor concreto. Há significativo caminho trilhado em termos de pesquisa aplicada quanto ao "leitor escolar". Este último também não deixa de ser idealizado, mas há uma cultura bastante amadurecida nesse sentido, incluindo-se diretrizes específicas em termos de procedimentos de leitura e mesmo de programas oficiais de incentivo à leitura de obras literárias, por exemplo. É possível, enfim, observar uma história que mostra percursos diferentes para a "leitura" e para a "recepção", ao menos no interior da escola.

Proposições

Há um pensamento decisivo, mesmo difuso, ganhando corpo nos meios de comunicação, relativo à importância e à urgência de se preparar os estudantes para e com a mídia. Esse pensamento chega à escola e aos seus organismos diretivos graças ao prestígio e força da imprensa. Em parte avalizado pelos próprios meios educacionais, tal discurso contribui para a mudança do estatuto pedagógico escolar, além de ajudar a descredibilizar as práticas pedagógicas convencionais. Estas últimas, por seu turno, acabam por constituir um surdo mas resistente discurso interno – o que explica em parte o caráter hesitante e fragmentado dos exercícios de apropriação do universo midiático na sala de aula. Há, em resumo, um conjunto de vozes que impropriamente chamamos de discurso externo à escola, cuja força potencial tende a ser decisiva nos rumos do trabalho com os meios de comunicação. Por outro lado, o discurso interno ou que se alinhava a partir da experiência escolar em relação a isso se mostra tímido.

A assimilação ingênua do discurso externo, seja em termos de apropriação de informação sobre o mundo, seja em termos de espelhamento de comportamentos e valores, tende não apenas a fragilizar ainda mais a escola, mas também auxilia a consolidar um ideário de supostas competências de "mercado" (criatividade, liderança, curiosidade, operacionalidade, trabalho em grupo etc.) distantes do conhecimento escolarizado: a escola não é capaz de acompanhar os caminhos do mercado, tampouco é capaz de responsabilizar-se pela maior parte da obrigação de formar novos cidadãos. A cultura interna à escola, por seu turno, não pode se isolar em relação aos meios de comunicação, do mesmo modo como também parece pouco consistente a aceitação tácita de propostas externas ou mesmo de iniciativas isoladas forjadas dentro dela mesma.

O fato de não ser gestado no interior da comunidade escolar e centrar-se nos indivíduos (sejam professores ou alunos), e não na escola propriamente dita, talvez ajude a explicar o tênue enraizamento do trabalho com os meios de comunicação e também um dos principais problemas operacionais para a consolidação de projetos dessa área na escola: a solução de continuidade. O exercício de ler e fazer jornais na escola, bem como o de formar professores para isso, restringe-se, quase sempre, a dinâmicas introdutórias, abordando-se operações técnicas básicas de jornalismo.

Para que a escola possa dialogar com propostas externas e mesmo para que possa desenvolver suas próprias práticas em termos de trabalho com a mídia, a partir dos estudos saídos das áreas de Educação ou Comunicação, será necessário compreender como é o universo por onde circula a informação midiática, bem como os processos de assimilação e conversão de informação em conhecimento pessoal e de trabalho do professor e do coletivo de professores. Isso significa observar como se constitui e se modifica a memória do professor acerca da informação midiática e, principalmente, acerca da informação noticiosa. Assim, há que se promover o amadurecimento de uma iniciativa que tome como referências a comunidade escolar e a experiência acumulada em diversas áreas, incluindo a dos agentes formadores (professores e gestores públicos e privados), para o delineamento da cultura sobre o assunto no contexto da escola.

Enfim, a apropriação dos meios de comunicação, ou, no nosso caso específico, do jornal e da imprensa, não pode prescindir do exercício de construir ou reconstruir a história da formação midiática dos professores e agentes escolares. Tal exercício resultará na politização da experiência individual e coletiva em torno da mídia, e talvez contribua para um renovado exercício de politização da própria escola. Por outro lado, é preciso conhecer as características do universo midiático e histórico do receptor, a fim de se lidar melhor com o processo recepcional. Os professores mal interagem com seus parceiros em termos de informação midiática: falar sobre sexualidade na sala dos professores é um assunto bem menos difícil do que discutir sobre política ou meio ambiente. O adensamento do discurso interno, por sua vez, poderá auxiliar o diálogo da escola com os discursos externos e, principalmente, ajudar a escola a buscar uma identidade diante de uma sociedade tão desigual como a brasileira e tão vulnerável a diretrizes empresariais e governamentais muitas vezes alheias à história dos sujeitos escolares.

Referências bibliográficas

DUBET, F. A formação dos indivíduos: a desinstitucionalização. *Revista Contemporaneidade e Educação*, ano 3, vol. 3, p. 27-33, 1998.

DUBET, F.; MARTUCCELLI, D. *Dans quelle société vivons-nous?* Paris: Seuil, 1998.

FONSECA, M.; OLIVEIRA, J. F.; TOSCHI, M. S. As tendências da gestão na atual política educacional brasileira: autonomia ou controle? In: BITTAR, M.; OLIVEIRA, J. F. *Gestão e políticas da educação*. Rio de Janeiro: DP&A, 2004.

GONNET, J. *Éducation aux médias, les controverses fécondes*. Paris: Hachette/CNDP, 2001.

MASTERMAN, L.; MARIET, F. *L'Éducation aux médias dans l'Europe des années 90*. Strasbourg: Éditions du Conseil de l'Europe, 1994.

MORDUCHOWICZ, R. El sentido de una educación en medios. Disponível em: <www.comminit.com/la/pensamientoestrategico/lash/lasld/d787.html>. Publicado em abril de 2004. Acesso em: 28 nov. 2005.

RAMONET, I. O poder midiático. In: MORAES, D. (org.). *Por uma outra comunicação: mídia, mundialização cultural e poder*. Rio de Janeiro: Record, 2003.

SABINO, Geraldo; FILHO, Ricardo. *A boa escola no discurso da mídia: um exame das representações sobre educação na revista* Veja *(1995-2001)*. São Paulo: Unesp, 2005.

O Jornal na Vida dos Professores

Ezequiel Theodoro da Silva

Esta reflexão, desenvolvida de maneira urgente para servir como fala de encerramento do 3º Seminário Nacional "O Professor e a Leitura do Jornal" (julho – 2006), procurará contemplar três tópicos principais: 1. Linguagem e Leitura; 2. Cotidiano e Leitura de Jornais; e 3. Jornal, Ensino e Escola. Cabe destacar que, em vez de um trabalho com maior fôlego bibliográfico, esta exposição traz à tona, relaciona e tece idéias oriundas de nossa experiência com a leitura de jornais, como professor que somos e com projetos que vimos desenvolvendo na esfera da formação básica e continuada de professores em diferentes regiões do Brasil. Além disso, procuramos adicionar resultados preliminares de uma investigação que estamos realizando – e ainda finalizando – sobre a leitura/escrita de professores que participaram do Projeto Teia do Saber – Curso "Ler para Aprender" na Unicamp, em 2004 e 2005.

Linguagem e leitura

Para o tratamento desse subtema, abrimos com a seguinte colocação do educador espanhol Jorge Larrosa:

> [...] as palavras produzem sentido, criam realidade e [...] funcionam como potentes mecanismos de subjetivação. Creio no poder das palavras, na força das palavras, creio que fazemos coisas com as palavras e, também, que as palavras fazem coisas conosco. As palavras determinam nosso pensamento porque não pensamos com pensamentos, mas com palavras, não pensamos a partir de uma suposta genialidade ou inteligência, mas a partir de nossas palavras. E pensar não é somente "raciocinar" ou "calcular" ou "argumentar", como nos tem sido ensinado algumas vezes, mas é sobretudo dar sentido ao que somos e ao que nos acontece. E isso, o sentido ou o sem-sentido, é algo que tem a ver com nossas palavras. E, portanto, também tem a ver com as palavras o modo como nos colocamos diante de nós mesmos, diante dos outros e diante do mundo em que vivemos. E o modo como agimos em relação a tudo isso. Jorge Larrosa, Notas sobre a experiência e o saber da experiência, *Revista Brasileira de Educação*, n. 19, p. 20-28, jan-abr. 2002.

Nesse trecho, Larrosa fundamentalmente nos remete aos estudos de Vigotsky sobre a relação entre pensamento e linguagem. O paradigma é o do sociointeracionismo, calcado na natureza social – e interativa, transacional – do desenvolvimento da linguagem e, por meio dele, da sofisticação do pensamento humano. Isso quer dizer que necessitamos de vivências contínuas e cada vez mais amadurecidas com as diferentes linguagens, com os diferentes gêneros e tipos de linguagem de modo a enriquecer, a ir polindo nossa inteligência sobre o mundo por meio do nosso pensamento.

Essa relação é de suma importância nesse início de reflexão, porque é na confluência do pensamento–linguagem ou, se quiser, a partir dessa confluência que levamos a efeito as nossas ações, reações e decisões em sociedade; portanto, quanto mais ricos os elementos enfeixados naquela confluência, mais ricas as nossas ações, reações e decisões. Na verdade, nosso fazer e quefazer sociais, dentro de uma sociedade letrada e altamente complexa, dependem de ancoragens cada vez mais complexas, oriundas dos amálgamas conceituais desenvolvidos por atividades de linguagem–pensamento.

Nunca é de mais lembrar que dentro das sociedades modernas letradas existe o fenômeno da co-ocorrência e concorrência de linguagens e veículos (ou "mídias", como se costuma dizer). Quer dizer: hoje em dia as diferentes linguagens (verbais e não-verbais) acontecem instantaneamente na nossa vida, exigindo uma multiplicidade de competências de leitura diante dos meios e suportes que as fazem circular. E eles concorrem entre si na conquista da atenção dos leitores, mesmo porque também se colocam a serviço do mercado. Daí a existência de uma saturação de informações no mercado das mídias e daí talvez a nossa dificuldade em conseguirmos a atenção e a dedicação dos mais jovens para o livro, a revista e o jornal, talvez considerados mídias não tão atraentes às novas gerações. Outrossim, caberia perguntar se a avalanche de informações amalgamadas do mundo atual não afeta até a nós, tornando cada vez mais difícil a nossa convivência com os livros e/ou jornais.

Se os mundos ou universos da sonoridade, da gestualidade, das cores etc. não dependem da educação formal para serem adequadamente – ou minimamente – compreendidos pelas pessoas, o mundo da escrita depende das escolas e dos professores para ser entendido. O autodidatismo em leitura e escrita é muito pequeno em termos mundiais; a criança precisa sentar num banco escolar de modo a ser alfabetizada e letrada e assim poder acessar os bens culturais expressos pela linguagem escrita. E nesta esfera – a do ensino escolarizado – o Brasil tem fracassado muito, conforme mostram as avaliações de desempenho das nossas escolas (INAF, PISA etc.). Retomando a relação pensamento–linguagem anteriormente referida, isso pode significar um empobrecimento dos modos de pensar das nossas crianças pelos pecados cometidos no desenvolvimento e manejo da linguagem escrita e de todos os gêneros que a constitui em termos de práticas socioculturais.

Fechando a primeira parte da reflexão, trazemos um pequeno trecho que mostra o maravilhamento de um analfabeto ao descobrir pela primeira vez a significação da escrita na vida dos homens:

> Na casa do Padre Perry, o único lugar ocupado era o das estantes de livros. Gradativamente cheguei a compreender que as marcas sobre as páginas eram palavras na armadilha. Qualquer um podia decifrar os símbolos e soltar as palavras aprisionadas, falando-as. A tinta de impressão enjaulava os pensamentos; eles não podiam fugir, assim como um animal não pode fugir da armadilha. Quando me dei conta do que realmente isto significava, assaltou-me a mesma sensação e o

mesmo espanto que tive quando vi pela primeira vez as luzes brilhantes da cidade do Cairo. Estremeci, com a intensidade de meu desejo de aprender a fazer eu mesmo aquela coisa maravilhosa (*A galáxia de Gutenberg*, Marshall McLuhan).

Jornal e cotidiano

Depois de Gutenberg, o jornal encarnou cada vez mais no *modus vivendi* dos cidadãos das sociedades letradas, enfeixando em si posicionamentos, notícias e diferentes tipos de serviço. Daí considerarmos esse veículo (o jornal) um importante ícone – senão o principal – do mundo impresso, estabelecendo hábitos culturais específicos para a sua usufruição e colocando necessidades e competências peculiares para a vida em sociedade.

Exemplificando essa presença marcante e ostensiva, vejamos alguns costumes instaurados pela produção, circulação e consumo (ou leitura) de jornais em nosso cotidiano:

– Segmentação das seções para atendimento de gêneros, sexos, idades etc. Companheirismo em diferentes instantes da vida do cidadão; pense na companhia que o jornal faz em situações de espera (aeroportos, consultórios médicos etc.);

– Tratamento mais aprofundado dos fatos, em comparação com a televisão, rádio etc., possibilitando releitura, identificação de fontes etc.

Ao pensarmos nas múltiplas influências dos jornais na vida do cidadão contemporâneo, convém sempre lembrar que o acesso ao jornal ainda não é democratizado e socializado, mesmo porque ele é vendido como uma mercadoria aos que podem pagar por uma assinatura ou por exemplares separados. Entretanto, no contexto da presente reflexão, o acesso ao universo da escrita e aos bens ali contidos ainda é uma meta a ser alcançada em nosso país, que hoje apresenta um quadro de leitura e de leitores dos mais vergonhosos do mundo, em que pese ser um país com significativa produção editorial e estar entre os primeiros do mundo no que se refere ao número de jornais publicados.

Jornal, escola e ensino

Destacamos e enaltecemos aqui três vertentes do jornal e do discurso jornalístico que mostram sua importância para o ensino formal escolarizado. Mais especificamente, ao explicitar essas vertentes, desejamos tornar mais evidente a necessidade de sua utilização nas salas de aula, seja qual for a disciplina ou matéria ensinada pelos professores.

Dentro da vertente lingüística, podemos verificar que o jornal é constituído por um rico e diferenciado amálgama de configurações ou tipos de escrita (argumentativa, dissertativa, narrativa e descritiva) dentro de uma gramática que lhe é exclusiva. Além disso, relações internas entre as partes ou seções ou cadernos apontam para intertextos, relações entre palavra e imagem etc., que em muito enriquecem o potencial de leitura de uma pessoa.

Dentro da vertente cognitiva, o jornal acompanha o desenrolar dos acontecimentos do dia, trazendo possibilidades de atualização de conhecimentos, novos posicionamentos, análise, crítica e coisas do tipo. Do mesmo modo, há que lembrar que os fatos aparecem em versões do próprio jornal, impondo a criticidade, a descoberta, o desvelamento, a recriação pela análise dos textos, entre outros. Isso significa que o jornal estimula a curiosidade e a vontade de aprofundar os fatos pela leitura das versões.

Dentro da vertente da cidadania, devemos lembrar que o jornal (*jour* = dia) é sempre uma janela para o mundo que chega à minha casa todas as manhãs. Ainda que existam veículos mais velozes do que ele, como a televisão e a Internet, o tratamento dos fatos pela escrita exige um modo específico, mais reflexivo e seletivo de recepção. A partir dessa janela ou dos horizontes por ela apontados, o leitor enxerga melhor as fronteiras da sua comunidade, compreende melhor os limites das suas participações e intervenções sociais. Enfim, conviver com jornais, ler jornais, é sempre um modo de participar das coisas de nosso tempo e intervir na mudança do rumo dos acontecimentos. Para melhor, é claro!

O ensino com jornais deve almejar sempre as operações complexas do pensamento: analisar, comparar, julgar, sintetizar, produzir pontos de vista, entre outros. Lembrando que o significado maior da leitura nos dias de hoje, pensando na complexidade da sociedade, é o de melhor qualificar as nossas ações, reações e decisões nas diferentes dimensões da vida. Nestes termos, vejamos uma notícia de jornal, produzida dentro de uma escola, a partir de uma excerto de Luís de Camões:

> Amor é fogo que arde sem se ver;
> É ferida que dói e não se sente;
> É um contentamento descontente;
> É dor que desatina sem doer.
>
> ....
>
> Ah Camões!
> Se vivesses hoje em dia
> Tomavas uns antipiréticos
> Uns quantos analgésicos
> E Prozac para a depressão
> Compravas um computador
> Consultavas a página da Play Boy
> E descobririas
> Que essas dores que sentias
> Esses calores que te abrasavam
> Essas mudanças de humor repentinas
> Esses desatinos sem nexo
> Não eram feridas de amor
> Mas somente falta de sexo.
>
> (Maria Moraes, 16 anos, aluna da Escola da Rinchoa, Portugal.)

Temos também aconselhado que a arte – nesse caso, a poesia – seja também utilizada para uma compreensão crítica daquilo que os jornais fazem com a vida da gente. Como a retina do escritor e do poeta muita vezes nos faz ver aquilo que não vemos ou não víamos, citamos alguns poemas que falam por si mesmos sobre o conselho aqui mencionado:

I

Máquinas de lavar
Máquinas de lixar
Máquinas de furar
Máquinas de curvar
Máquinas de dobrar
Máquinas de engarrafar
Máquinas de empacotar
Máquinas de ensacar
Máquinas de assar
Máquinas de faturamento

II

Champanha por atacado
Artigos orientais
Institutos de beleza
Metais preciosos
Peleterias
Salões para banquetes e festas
Condimentos e molhos
Botões a varejo
Roupas de aluguel
Tântalo

....

VII

Peritos em exame de documentos
Peritos em imposto de renda
Preparação de papéis de casamento
Representantes de papel e papelão
Detetives particulares
Tira-manchas

Limpa-fossas
Fogos de artifício
Sucos especiais
Ioga

("Jornal de serviço", Carlos Drummond de Andrade.)

A linguagem do humor também é excelente para o tratamento dos jornais:

O Jacó vai colocar um anúncio no jornal.

– Gostaria de colocar uma nota fúnebre sobre a morte da minha esposa – diz ao atendente.

– Pois não, quais são os dizeres?

– "Sara morreu!"

– Só isso? – espanta-se o rapaz.

– Sim, Jacó não quer gastar muito.

– Mas o preço mínimo permite até 5 palavras.

– Então coloca: "Sara morreu. Vendo Monza 94".

Jornais noticiam:

"Após cavarem 100 metros, cientistas ingleses acharam vestígios de fiação de cobre com 2 mil anos e concluíram que seus antepassados já possuíam uma rede de telefonia."

Na semana seguinte os franceses – para não ficarem atrás – cavaram 200 metros e a manchete foi a seguinte: "Após cavarem 200 metros, cientistas franceses acharam vestígios de fibra ótica com 3 mil anos e concluíram que seus antepassados já possuíam uma rede de telefonia de alta qualidade".

Os portugueses – que não são nada bobos –, uma semana depois, resolveram cavar mil metros, e os jornais de Lisboa noticiavam: "Após cavarem mil metros e nada encontrar, cientistas portugueses concluíram que seus antepassados já utilizavam telefone celular há 5 mil anos".

É de Verde Que se Torce o Pepino? Quesitos e Caminhos para a Conquista do Hábito de Leitura de Jornais

Carmen Sanches Sampaio

Falar dos quesitos e caminhos para a conquista do hábito da leitura de jornais remete-nos, do meu ponto de vista, às situações de leitura (e escrita) vivenciadas pelos alunos e alunas, cotidianamente, na escola e fora da escola. É de verde que se torce o pepino? Diz-nos o ditado popular que sim.

Há muito aprendemos com Paulo Freire (2005) que a leitura do mundo precede sempre a leitura da palavra e que a leitura desta implica a continuidade da leitura daquele. Logo, as crianças, quando na escola chegam em turmas de Educação Infantil ou nos anos iniciais do Ensino Fundamental, trazem as leituras que do mundo realizam. Curiosas, como de um modo geral são, lêem o que vivem para descobrir as respostas aos seus porquês. Leituras de mundo, construção e apropriação de conhecimentos novos articulam-se permeados pelo(s) sentido(s) dos aprendizados vivenciados cotidianamente. E na escola? Nos anos iniciais da educação básica, espaço e tempo privilegiados para a ampliação das leituras de mundo que as crianças realizam mediante a apropriação da linguagem escrita, o que lêem os alunos e alunas? Lêem para quê? Por quê? Como? Quais os textos e portadores de textos utilizados no dia-a-dia da sala de aula? Quais as reais condições de produção de leitura (e escrita) na escola? A prática pedagógica desenvolvida nas escolas contribui para gerar autonomia e independência crescentes dos estudantes em relação aos diferentes tipos de textos que fazem parte do mundo da escrita (Silva, 1998)?

Sabemos que a leitura (e a escrita) não se restringe(m) ao espaço e tempo da escola. Mas, a professores e professoras, profissionais cuja responsabilidade é formar e produzir leitores por meio da educação escolarizada, a necessidade da leitura se impõe mais forte ainda, como nos alerta Ezequiel Theodoro da Silva (2003). Moacir Gadotti (2006), no texto produzido para a abertura desse (nosso) encontro – 3º Seminário Nacional "O Professor e a Leitura do Jornal" –, reforça: para formar leitores é preciso gostar de ler e para formar bons leitores é preciso formá-los criticamente. O que lêem e escrevem as professoras e professores?

A pretensão, nesse texto, não é encontrar respostas às questões formuladas. Como nos alerta Nuria Pérez Ferre (2001):

> É necessário mantermos viva a pergunta porque, mesmo que não tenhamos a resposta, obriga-nos a continuar perguntando. O processo de reflexão sobre saberes e fazeres das professoras (e professores), dos alunos (e alunas), relativos às situações de leitura e escrita experienciadas no dia-a-dia da sala de aula, a partir da articulação entre a prática e a teoria, é o que persigo. A intenção é que as reflexões e discussões possam contribuir para pensarmos quesitos e caminhos para a conquista do hábito da leitura de jornais.

Cotidiano escolar, leitura e escrita

Ainda é bastante comum, no cotidiano escolar, crianças executando atividades de leitura e escrita para "fazer o dever", como nos falaram algumas crianças quando indagadas sobre os motivos pelos quais aprendiam a ler e a escrever. Atividades que as afastam das que já vivenciam ou vêem outras pessoas realizarem fora da escola – ler e escrever para lembrar um compromisso; para registrar sentimentos; para deixar um recado; para se informar sobre o que acontece no mundo; para concordar; para discordar; para distrair; para aprender; para ler a música ouvida; para responder a um e-mail; para guardar o modo de fazer aquela comida que evoca lembranças; ler para compreender o filme assistido... Leituras e escritas permeadas pelas necessidades sociais cotidianas que implicam o uso da linguagem escrita em um mundo no qual ler e escrever são saberes valorizados. Mas na escola ainda está presente, como há muito tempo nos alerta o professor Ezequiel, o retalho de texto, o texto sem contexto, só um tipo de texto, o texto e o teste, a lição sem texto ou só com gravura, o texto fino, o texto curto, tudo isso como pretexto para o consumo rápido, acrítico e asséptico de doses homeopáticas de informações. A leitura sem substância, sem significado, sem seqüência, sem unidade e sem aprofundamento (Silva, 2004, p. 12).

Modos de ler e de escrever escolarizados, instrumentais, esvaziados de sentido e distantes dos praticados e usados fora do espaço e tempo escolares, levando, muitas vezes, ao desaparecimento do desejo de ler e escrever.

Leitura compreendida como decodificação e, escrita, como reprodução e repetição. Um ensino que contribui muito pouco ou diria, quase nada, para a compreensão do real sentido da leitura e da escrita: dizer, ouvir e entender o(s) outro(s) também pela linguagem escrita, ampliando assim as possibilidades de compreensão e interferência no mundo.

Não é por acaso que os dados divulgados pelo Inep/2004 revelam-nos que 20% dos estudantes matriculados na quarta série do Ensino Fundamental apresentam muitas dificuldades com a leitura e a escrita e grande parte dos que na oitava série chega, não entende o que lê. Ana Luiza Smolka (1988, p. 38) alerta-nos:

> O ensino da escrita tem se reduzido a uma simples técnica, enquanto a própria escrita é reduzida e apresentada como uma técnica, que serve e funciona num sistema de reprodução cultural e produção em massa. Os efeitos desse ensino são tragicamente evidentes, não apenas nos índices de evasão e repetência, mas nos resultados de uma alfabetização sem sentido que produz uma atividade sem consciência: desvinculada da práxis e desprovida de sentido, a escrita se transforma num instrumento de seleção, dominação e alienação.

Por que e para que aprendemos a ler e a escrever? Para repetir a palavra do outro? Para decifrar o texto escrito? Ou, para através da linguagem escrita, ampliarmos nossas possibilidades de interação, interlocução e acesso ao conhecimento? Leitura e escrita como processos de emancipação, nos diria Paulo Freire (1982), como ferramentas para a conscientização e questionamento da realidade.

Insisto: existem modos de ensinar a ler e a escrever, modos de praticar a leitura e a escrita, no cotidiano escolar – lócus privilegiado para o aprendizado da linguagem escrita –, limitadores e, muitas vezes, castradores em vez de efetivamente contribuir para garantir aprendizados sobre a linguagem escrita ampliando as possibilidades de o aluno (aluna) compreender e intervir no mundo como sujeitos críticos, participativos, cidadãos. Como ressalta Pedro Demo (2006):

> Lemos [e eu diria: e escrevemos] para dar conta da realidade e de todos os desafios que dela recebemos ou a ela impomos. A cidadania é a referência maior. Uma democracia de qualidade só é possível com uma população que sabe pensar. Saber pensar inclui, entre outros ingredientes, saber ler [e escrever].

Embora um ensino escolarizado da leitura e da escrita, distante do mundo da vida, seja ainda hegemônico, não é único. Impossível afirmar que a escola não produza leitores e escritores. Ajudada pela epistemologia da complexidade (Morin, 1995), diria que a escola produz e não produz leitores e escritores. Como espaço e tempo complexo, o cotidiano escolar abriga práticas pedagógicas pouco comprometidas com um ensino crítico da leitura (e da escrita) e práticas alfabetizadoras que investem, desde o início desse processo, em atividades de leitura e escrita significativas e articuladas às experiências de vida e de linguagem dos alunos, alunas, professores e professoras.

Jornal e cotidiano: o ponto de vista de (algumas) crianças

Desde o ano de 2004, acompanho e participo do processo alfabetizador vivenciado por uma turma de crianças (ouvintes e uma criança surda) de uma escola pública carioca. A professora dessa turma (e outras professoras da escola) se desafia a praticar uma ação alfabetizadora que investe na dialogicidade, na produção de textos escritos e orais, de modo que as crianças possam aprender a ler e a escrever usando, praticando e experienciando a linguagem escrita, procurando fugir de uma prática pedagógica que tem a memorização e a repetição como eixos do trabalho. As crianças são provocadas a tomar decisões e a interferir nas propostas a ser realizadas pelo grupo; a dizer, escrever, desenhar, representar o que pensam e sentem; a discutir, coletivamente, os conflitos existentes; a revelar seus saberes e ainda não saberes (Esteban, 2001); a ajudar os colegas, a aceitar ajuda no desenvolvimento das atividades.

Textos variados – livros de histórias, histórias em quadrinhos, poesias, cartas, bilhetes, convites, adivinhas, listas, panfletos, jornais, textos produzidos pela turma etc. – circulam no espaço e tempo da sala de aula. As crianças lêem e escrevem para concordar, discordar, reivindicar, registrar suas idéias e sentimentos, os temas pesquisados, as descobertas vivenciadas. O livro didático, embora utilizado, não é a referência do trabalho pedagógico, pois a articulação perseguida é com o uso social da leitura e da escrita. Os que vivem fora e dentro da escola alimentam e mobilizam o grupo, instigando-o a procurar novos textos, novas leituras. No lugar do reconhecimento e reprodução, o investimento em um ensino da leitura (e da escrita) pautado no conhecimento e produção.

> Assumamos uma utopia e vamos ver que, em decorrência dela, o ensino de língua será a prática da linguagem instalada, no plano do desejo de cada sujeito em processo, visando à conquista de uma certeza: a da sua não-inserção no quadro das tranqüilidades que o ajuste social lhe confere. O ensino da língua deixaria de ser de reconhecimento e reprodução passando a um ensino de conhecimento e produção, em que o exercício sistemático só lhe conferiria maiores condições de formar sua identidade, cambiante que fosse (Geraldi, 1997, p. 122 e 123).

Crianças, cidadãs de pouca idade, mas sujeitos do processo de aprender e de saber mais sobre o mundo no qual vivem. Alunos e alunas de uma escola pública que, desde o início do aprendizado da leitura e da escrita, em turmas de Educação Infantil, vivenciam a experiência da autoria. Produzem, individual e coletivamente, textos variados – histórias, relatórios, poesias, bilhetes, cartas, convites – e estão envolvidos na produção de um jornal da turma.

É importante destacar a necessidade de que o jornal também faça parte dos textos usados pelas crianças no cotidiano da escola, embora sua presença nas séries iniciais da Educação Básica – Educação Infantil, classe de alfabetização, primeira e segunda séries do Ensino Fundamental – seja ainda pouco freqüente. Por que isso acontece? Os alunos e alunas desses anos escolares são vistos como não leitores? Com pouca autonomia na leitura demandando, da ação docente, um investimento maior nas mediações realizadas? Ou os textos, presentes no jornal, instigam os professores e professoras a romper com um currículo prescritivo, pensado *a priori*, ainda tão praticado em nossas escolas?

Os jornais, por abordar temas variados, evidenciam a multiplicidade e transversalidade do conhecimento, assustando ações docentes pautadas em modos disciplinares e estanques de lidar com os saberes. Observo também que as professoras (e professores) que se desafiam a trabalhar com o jornal com os seus alunos e alunas, de um modo geral, investem em sua compra. Isso dificulta, mediante os baixos salários dos docentes, contar com esse texto, rico em possibilidades de trabalho.

Para um número significativo de estudantes das classes populares, o acesso ao jornal ainda é pouco comum. Perguntei a crianças da turma que acompanho – alunos e alunas da segunda série do Ensino Fundamental se, em casa, lêem jornal. Ouvi, de mais de uma criança, respostas que me diziam:

– Minha casa não tem jornal. Minha mãe não compra porque é caro, tia!

Falas como essa confirmam a importância do trabalho com jornal na escola. Sua presença, no dia-a-dia da sala de aula, garante que as crianças, desde pequenas, possam usar e se familiarizar com esse suporte textual, principalmente as que em casa não o utilizam. E possam, na escola, além de ler o jornal, se envolver com a produção de um jornal. Entretanto, sem conhecerem, ou seja, sem terem folheado, olhado, lido "um" jornal é impossível dizer:

– Eu não gosto de ler jornal!

– Eu leio, quase todo dia, com o meu pai, na Internet.

– Minha mãe compra o jornal por causa do DVD. Ela tá juntando pra ganhar! Às vezes, eu leio algumas coisas.

E poderem, desde pequenas, fazer escolhas:

– Ah! Eu gosto de ler a parte de esporte. Peço pra minha mãe comprar sempre.

– Eu gosto das palavras cruzadas e dos joguinhos. Só!!!

– Eu gosto de ler o *Globinho*, quando minha mãe compra.

As crianças precisam ter acesso, no cotidiano da escola, a textos variados que circulam no mundo da escrita. E esses textos, incluindo e salientando o jornal, não podem ser usados como pretexto para o ensino da ortografia, ou da gramática, ou para recortar letras e/ou sílabas, ou para o lançamento de palavras-chave com exercícios cujo objetivo seja a identificação, repetição e memorização dos "conteúdos programáticos". Uma vez mais o professor Ezequiel nos ajuda a pensar:

> Cópia, paráfrase e memorização – esse é o tripé de atividades de leitura mais conhecido e utilizado nas escolas brasileiras, que tem suas origens no ensino catequético do período colonial. Ao copiar, o leitor reproduz as mesmas palavras e o mesmo sentido do texto; ao parafrasear, o leitor reproduz o mesmo sentido com outras palavras; ao memorizar, o leitor reproduz respostas com sentidos preestabelecidos e já esperados. A escola, o professor ou o livro didático definem de antemão o sentido que deve ser fornecido pelos alunos a partir da leitura de um texto [...] (Silva, 2004, p. 23).

Os professores e professoras precisam, no exercício da docência (Pérez Gómez, 1995), no cotidiano da escola, viver a experiência da leitura e da escrita. Ler textos teóricos, literários, informativos. Ler a própria prática, a prática realizada pelos colegas, ser lido por outros – dá-se a ler (Larrosa, 1999). Experienciar, coletivamente, um processo de formação permanente que amplie seus saberes, seus fazeres, sua competência leitora (e escritora). E, nesse processo de construção (com)partilhada de sentidos, imprimir sentidos outros aos modos aprendidos (e ainda hegemônicos) de trabalhar a leitura e a escrita cotidianamente com seus alunos e alunas. Não desistir de, coletivamente, exigir melhores condições de produção de leitura para si e para seus alunos e alunas.

As crianças precisam ler, desde pequenas, para compreender, para produzir sentido(s), para inteirar-se do mundo, para nesse mundo intervir como produtoras de cultura que são. Ler a palavra escrita sem dicotomias das leituras que na vida realiza. Afinal, não é de verde que se torce o pepino? Se seguíssemos à risca o ditado popular talvez ouvíssemos, com mais freqüência, no cotidiano das escolas, em turmas dos anos iniciais do Ensino Fundamental, falas como essa:

– Tia, eu descobri que ler jornal me ajuda a aprender. Agora eu leio sempre!

Referências bibliográficas

DEMO, Pedro. *Leitores para sempre*. Porto Alegre: Mediação, 2006.

ESTEBAN, Maria Teresa. *O que sabe quem erra? Reflexões sobre a avaliação e fracasso escolar*. Rio de Janeiro: DP&A, 2001.

FREIRE, Paulo. *A importância do ato de ler*. São Paulo: Cortez, 2005.

_____ . *Educação como prática da liberdade*. 13. ed. Rio de Janeiro: Paz e Terra, 1982.

GADOTTI, Moacir. *Formar o formador de leitores – fundamentos e perspectivas*. Campinas, Unicamp, Curso "Jornal e Educação: Princípios Básicos", 2006, [mimeo].

GERALDI, Wanderley. *Portos de passagem*. 4. ed. São Paulo: Martins Fontes, 1997.

FERRE, Nuria Pérez de Lara. Identidade, diferença e diversidade: manter viva a pergunta. In: LARROSA, J.; SKLIAR, C. (orgs.). *Habitantes de Babel: políticas e poéticas da diferença*. Belo Horizonte: Autêntica, 2001.

LARROSA, Jorge. *Pedagogia profana: danças, piruetas e mascaradas*. 2. ed. Belo Horizonte: Autêntica, 1999.

MORIN, Edgar. *Introdução ao pensamento complexo*. 2. ed. Lisboa: Instituto Piaget, 1995.

PÉREZ GÓMEZ, Angel. O pensamento prático do professor: a formação do professor como profissional reflexivo. In: NÓVOA, A. (coord.). *Os professores e a sua formação*. Lisboa: Publicações Dom Quixote, 1995.

SAMPAIO, Carmen Sanches. *Aprendi a ler (...) quando eu misturei todas aquelas letras ali...* Tese de Doutorado. Campinas: Unicamp, 2003.

SILVA, Ezequiel Theodoro da. *Elementos de pedagogia da leitura*. São Paulo: Martins Fontes, 1988.

______ . *Conferências sobre leitura – trilogia pedagógica*. Campinas: Autores Associados, 2003.

______ . *A produção da leitura na escola: pesquisas × propostas*. 4. ed. São Paulo: Ática, 2004.

SMOLKA, Ana Luiza. *A criança na fase inicial da escrita: alfabetização como processo discursivo*. São Paulo: Cortez, 1998.

VYGOTSKY, L. S. *A formação social da mente*. São Paulo: Martins Fontes, 1989.

O Jornal e a Voz da Comunidade

Amarildo B. Carnicel

O presente estudo mostra, inicialmente, um cenário em que estão inseridos os veículos de grande circulação. Se, por um lado, aponta queda no número de leitores e de anunciantes, revela, por outro, que setores da mídia segmentada vivem um crescimento: o Instituto Verificador de Circulação (IVC) mostra que a tiragem aumenta ano a ano. Este estudo aponta para a necessidade de uma segmentação jornalística como forma de sobrevivência da mídia impressa, definindo nichos cada vez mais específicos de mercado e de leitores. Estamos falando das mídias local, de bairro e comunitária. É justamente nesta modalidade, a comunitária, que se encaixa nossa proposta de elaboração de um jornal no âmbito da sala de aula como instrumento de aproximação entre a comunidade e o ambiente escolar.

* * *

Iniciamos esta reflexão apresentando trechos de uma cena descrita pelo jornalista Ricardo Noblat em *A arte de fazer um jornal diário* (Contexto, 2003), que mostra uma realidade sobre o perfil dos jornais impressos brasileiros e o rumo, desanimador, que vêm tomando. Além disso, indica que os jornalistas, atores principais desse cenário, têm plena consciência dessa realidade e, mesmo assim, pouco fazem e, se o fazem, é de modo muito gradual. Nesta descrição, Noblat (2003, p. 11-13) apresenta a seguinte situação:

> Cenário: uma banca de jornal no centro de uma cidade.
>
> Personagens: um jornalista que tenta comprar jornais e revistas e um cidadão de meia-idade que lê as manchetes dos jornais expostos na banca.
>
> Cidadão – Eu acho que conheço o senhor... O senhor é jornalista, não é mesmo?
>
> Jornalista – É, eu sou... [...]
>
> Cidadão – Por que os jornais são tão parecidos? Por que tratam quase sempre dos mesmos assuntos?
>
> Jornalista – Porque notícias importantes interessam a todos eles. E são publicadas por todos. [...]
>
> Cidadão – Por que os jornais têm tantas páginas?
>
> Jornalista – Porque têm muitas notícias e anúncios.
>
> Cidadão – E as pessoas têm tempo para ler tanta coisa?
>
> Jornalista – Não. Cada vez elas têm menos tempo. [...]
>
> Cidadão – E que tipo de notícias desperta mais interesse nos leitores?
>
> Jornalista – Notícias sobre temas que afetam mais diretamente a vida deles. Notícias, por exemplo, sobre saúde, educação, sexo, ciências, políticas públicas...
>
> Cidadão – Mas os jornais não estão cheio delas, não é?
>
> Jornalista – É. Não estão... [...]
>
> Cidadão – Os jovens lêem jornais?
>
> Jornalista – Lêem pouco. E cada vez menos.
>
> Cidadão – Mas o que os jornais fazem para atraí-los?
>
> Jornalista – Não fazem muita coisa.
>
> Cidadão – Se não atraírem leitores jovens, no futuro os jornais não terão mais leitores, estou certo?
>
> Jornalista – Está sim, é mais ou menos isso.
>
> Cidadão – Então a idéia dos jornalistas é acabar com os jornais...
>
> Jornalista – O senhor me desculpe, mas tenho que ir embora.

Como se pode observar, o cidadão de meia-idade desfere uma série de perguntas que acabam por encurralar o jornalista, que ao procurar as respostas mostra que, mesmo sabendo que não está conduzindo o jornal para o rumo certo, insiste em errar. Pesquisas feitas em diferentes partes do mundo e levantamentos de dados estatísticos do IVC revelam, numa primeira amostragem, que as inquietações do cidadão são pertinentes.

A insistência dos jornalistas em desenvolver um modelo de jornal que não agrada aos leitores está refletida em números divulgados pelo IVC em janeiro de 2003. Segundo o instituto, em dezembro de 2002, os jornais diários brasileiros vinculados ao órgão venderam 3,4 milhões de exemplares, incluindo a vendagem de domingo, quando muitos veículos chegam a duplicar a tiragem. Desse total, 61% foram adquiridos pelos leitores em forma de assinatura e o restante na forma de compra avulsa. O quadro se torna preocupante quando são comparados os números obtidos no mesmo período do ano anterior, ou seja, dezembro de 2001. Em dezembro de 2002, a circulação total (assinaturas e vendas avulsas) caiu 5,4%. Desse total, o número de assinantes diminuiu 3,8% e as vendas avulsas, 8%, ou seja, ocorreu menor perda entre os leitores mais fiéis caracterizados pelos assinantes. Por outro lado, dentre aqueles leitores menos envolvidos, os compradores avulsos, a diminuição foi ainda mais significativa, atingindo 8%, conforme foi dito.

Apesar da queda do número de leitores (assinantes e avulsos) no Brasil, os números do IVC permitem notar que quase 30% dos jornais cresceram em meio à crise, o que mostra que, apesar do cenário desenhado por Noblat no diálogo apresentado no início deste trabalho, há, sim, por parte dos jornalistas e dos empresários do setor, uma disposição em alterar o cenário – caso contrário, estariam dando tiro nos próprios pés e assinando suas sentenças de morte. As mudanças, indicadas por Cabral (2003), apontam para o seguinte cenário: a circulação dos jornais que surgiram nos últimos seis anos já responde por 20% da tiragem verificada; o ranking dos dez maiores jornais sofreu quatro alterações de posição em apenas um ano (2002); e a existência de uma aceitação crescente de produtos mais segmentados. Segundo o jornalista, há seis anos, dos dez maiores jornais dos país, oito eram de interesse geral e apenas dois de nichos específicos. Em 2002, o quadro verificado é outro: da lista de dez, cinco são grandes jornais (assuntos gerais) e igual número são os jornais específicos ou segmentados. Os números mostram, portanto, que no Brasil jornais como *Folha de S.Paulo*, *O Estado de S. Paulo* e *O Globo* lutam para não perderem leitores. Lançamentos de novos cadernos, de novas seções e de suplementos especiais figuram entre as estratégias para, num primeiro momento, preservar seus leitores, e, num segundo, ampliar esse quadro, conforme assinala Cabral (2003): "Resta, portanto, como saída, agregar ao produto o conteúdo desejado pelo leitor e, talvez principalmente, pelo não-leitor".

Foco local – A crescente e cada vez mais constante dificuldade, por parte das grandes empresas, em absorver os jovens jornalistas que deixam os bancos acadêmicos e se transferem para o mercado de trabalho faz com que significativa parcela de recém-formados busque basicamente dois caminhos, muitas vezes, autônomos: ou estruturam uma assessoria de imprensa e saem de porta em porta em busca de clientes, ou vislumbram, em nichos da sociedade, o espaço para se tornarem porta-vozes de uma determinada organização ou comunidade. Assim, vão proliferando informativos nos mais diferentes formatos, desenhos e para públicos específicos. Um segmento que vem ganhando bastante atenção por parte desses jornalistas são os bairros, independentemente das classes sociais que os compõem.

Para melhor compreensão desse fenômeno convém fazer distinção entre duas modalidades (jornal de bairro e jornal comunitário) que, embora possam estar embasadas numa mesma teoria (a do jornalismo de classes sociais), caracterizam-se por práticas que são distintas. Convém ainda situar e mostrar as especificidades de cada modalidade no contexto da mídia (ou jornal) local e aí faz-se necessário apontar características que distinguem o jornal local daquela mídia largamente difundida como grande imprensa.

Procuramos fazer essa distinção sem perder de vista que, qualquer veículo de comunicação, independentemente do porte e do público a que se destina, é sempre um fórum de diálogo. O que os distingue é a forma como será estabelecido esse diálogo. O grau de abrangência de um veículo da mídia impressa, bem como o poder de diálogo com o público a que se destina, não pode ser aferido apenas pela forma de distribuição, tiragem e número de páginas. Essas características não significam, necessariamente, que o diálogo proposto pelo jornal tenha surtido o efeito esperado pelos jornalistas, tampouco o almejado pela comunidade de um bairro que muitas vezes não se reconhece nas páginas publicadas. O que distingue a natureza das informações veiculadas pela grande imprensa é o caráter da notícia. A posse do presidente do Senado ou da Câmara Federal certamente será assunto de destaque nos jornais de grande circulação. A posse do presidente da Câmara dos Vereadores ganhará espaço na imprensa local. E a posse do presidente da associação de um bairro periférico da cidade, que espaço merecerá no noticiário nacional? Nenhum. Afinal, jornais de grande circulação não destinam espaço a "assuntos menores", de interesse restrito a uma comunidade.

Diante disso, o cidadão integrante das classes sociais menos privilegiadas, não se reconhecendo nas páginas do jornal, adota uma postura de desinteresse por aquilo que é publicado. Isso nos leva a crer que a distância entre o "cidadão comum" e os centros de decisão e a conseqüente sensação de impotência diante das decisões, sejam na esfera federal ou mesmo no âmbito das redações, faz com que alguns desses assuntos se tornem "menos importantes".

Cicilia Peruzzo (2003), em trabalho publicado no *Anuário da Unesco*, apresenta e discute atribuições que caracterizam a mídia local. Ela mostra que o local é marcado por um espaço determinado (embora as demarcações territoriais não lhe sejam determinantes) em que o indivíduo é inserido, fazendo desse espaço local familiar e de partilha de sentidos. Ela aponta que o interesse pelo local torna-se cada vez mais evidente, tanto do ponto de vista das empresas que direcionam seu foco quanto dos indivíduos que, por meio da valorização desse espaço, tendem a fortalecer os laços de pertencimento. O que se depreende é que há por parte dos dois tipos de mídia (local e nacional) uma constante apropriação dos elementos que até então poderiam definir as especificidades. O jornal local, pelo fácil acesso às tecnologias que permitem, de modo relativo, colocar seus leitores em contato com um mundo globalizado, começa a ganhar diferentes contornos. O grande jornal, interessado em explorar nichos de mercado cada vez mais específicos, começa a se apropriar de linguagem e conteúdo até então restritos à mídia local. É a configuração de uma desterritorialização que deixa cada vez mais nebulosa a identificação desses limites.

Se quisermos fazer um recorte ainda mais definido, poderemos segmentar a mídia local em duas áreas de atuação: o jornal de bairro e o jornal comunitário. O jornal de bairro não apresenta características muito diferentes daquelas já atribuídas ao jornal local. No tocante a características, conteúdo, forma e, principalmente, interesse, são muito parecidos. A diferença, muitas vezes, se evidencia pelo campo de ação ou território em que atua. Se a globalização e o fácil acesso às tecnologias dificultam a identificação dos limites territoriais, a área de abrangência ou de circulação (e aí contempla o trabalho de distribuição) acaba por impor os limites territoriais que fazem do veículo um jornal de bairro.

O jornal comunitário e a sala de aula – Feitas as considerações sobre o jornal de bairro, nosso foco direciona-se agora ao jornal comunitário para ser pensado num contexto mais amplo, como instrumento pedagógico. Os conceitos, as características e as particularidades aqui apresentadas norteiam os trabalhos que realizamos na ONG Progen (Projeto Gente Nova) em parceria com mais quatro escolas da rede pública localizadas na Vila Castelo Branco e em bairros vizinhos, em Campinas.

Vamos, então, ao conteúdo teórico sobre jornal comunitário e cidadania que pode dar apoio aos professores envolvidos na produção do jornal em sala de aula.

Carnicel (2007, p. 177) afirma que:

> São muitas as peculiaridades que distinguem o jornal comunitário do jornal de médio ou de grande porte. Trata-se de um veículo cujo objetivo principal é dar voz aos membros da comunidade e estabelecer um fórum de diálogo, de exposição de idéias, de divergências e de reivindicações. [...] o jornal comunitário não deve se caracterizar apenas como um repositório de notícias. Deve ir além de um meio/suporte que apresenta textos informativos, opinativos, interpretativos e imagens (fotografias e ilustrações). Deve ser um instrumento que deve, entre outras atribuições, evocar a cidadania e amplificar seu conteúdo para dar voz aos membros da comunidade.

Para a elaboração de um jornal comunitário, é fundamental, segundo Marcondes (1987, p. 161) a participação efetiva da comunidade nas tomadas de decisão e no processo de produção:

> Fazer jornal comunitário não é buscar grupos étnicos, religiosos, culturais, nacionais, geográficos, com mensagens "para aquele público", como exploração de fatias de mercado. Tal procedimento é o mesmo do jornal não-comunitário. Por isso, os jornais de bairro, os jornais de colônias (judia, alemã, japonesa, por exemplo), os jornais do interior, são estruturalmente idênticos aos jornais de grande imprensa. O que se modifica é somente o público visado. A elaboração, o caráter, a vinculação a grupos políticos obedecem os mesmos critérios da imprensa liberal de forma geral. [...] Um jornal comunitário, ao contrário, é elaborado por membros de uma comunidade que procuram através dele obter mais força política, melhor poder de barganha, mais impacto social, não para alguns interesses particularizados (anunciantes, figuras proeminentes), mas para toda a comunidade que esteja operando o veículo.

Se é verdadeiro afirmar que as características do jornal local são muito parecidas com as do jornal de bairro (a diferença quase sempre está na área de abrangência e, às vezes, no porte financeiro dos empreendedores) é igualmente verdadeiro que o jornal comunitário é dotado de características que fazem da publicação algo bastante específico, embora muitas vezes a distinção entre local e comunitário não seja facilmente percebida. Tornou-se "conveniente" a muitas empresas tomar emprestado o termo comunitário como forma de ganhar a simpatia e a confiança da comunidade. São veículos que, de forma não muito ética, fazem uso do rótulo para ganhar a imagem de relação íntima com a comunidade, de prestação de serviço a esse público, mas que, na verdade, visam vantagens como anúncios publicitários e outras benesses.

Sobre essa tentativa de apropriação do termo por parte de empresas para a obtenção das mais variadas formas de vantagem, Peruzzo (1998, p. 152-53) afirma:

> No campo da mídia comunitária, nem tudo é muito pacífico e perfeito. Em muitos casos, o comunitário se consuma apenas no nome. Há confluências de interesses divergentes, os quais podem ser agrupados em três grandes tipos: a) interesses voltados essencialmente para a construção do bem-estar das comunidades e favorecimento social local.

> Procura-se incentivar a participação ativa dos cidadãos no processo de comunicação; b) interesses de cunho político partidário e eleitoral. Objetiva-se a usar a mídia comunitária como veículo para campanha política de candidatos; e c) interesses econômicos e comerciais.

Como se pode observar, das três características apontadas, as duas últimas denotam que há uma apropriação indevida do rótulo "comunitário" para uso particular. Os interesses particulares sobrepõem-se aos interesses da comunidade. Apenas a primeira característica deve ser considerada positiva, pois procura inserir o cidadão no processo de comunicação daquela comunidade.

Assim, deixando de lado os interesses políticos e comerciais, o conteúdo editorial deve privilegiar assuntos de interesse da comunidade. São questões comunitárias específicas como: a) reivindicações de melhorias no bairro (iluminação, conservação de praças, calçamento de ruas, reforma de praças esportivas, entre outros); b) prestação de serviços ou utilidade pública (campanhas de vacinação, horário de funcionamento do comércio, postos de saúde, entre outros); e c) valorização de fatos e pessoas do bairro (divulgar pessoas que se destaquem pelo talento ou serviço social e humanitário).

Dessas questões comunitárias específicas, apenas os itens "a" e "b" são estampados, ainda que com pouca freqüência, nos jornais de média ou grande circulação. O item "c" só entra na pauta quando há sobra de espaço na agenda do repórter para fazer a entrevista e sobra de espaço físico na página, quando, por algum motivo, como revezamento de repórteres em feriados, o editor se vale das chamadas matérias de gaveta. Assim, não raro, bairro periférico só é mote de notícia em jornal de grande circulação quando ocorrem fatos considerados importantes como o de um apostador que ganha sozinho na loteria ou quando uma grande tragédia abala a opinião pública. Como as chances de ocorrência de um crime frio e impiedoso ou de uma chacina são estatisticamente maiores do que a possibilidade de a sorte grande sorrir para um membro da comunidade, esse bairro, então, será notícia sempre que ocorrer algo ruim, algo que pelo grau de crueldade aguce o interesse popular e aumente a vendagem desse jornal. "É exatamente a mesma coisa que acontece no sistema mundial de informação. Um país pobre só é notícia para as grandes agências que monopolizam a informação internacional quando ali ocorrem desastres, golpes de estado ou fatos insólitos." (Callado & Estrada, 1986, p. 7)

É justamente para preencher essa lacuna (a de que os grandes jornais da cidade quase não noticiam o que há de positivo nessas localidades) e diminuir o estigma de que comunidade de bairro só é notícia nas páginas policiais, que surge o jornal comunitário, um veículo cujo objetivo principal é dar voz aos membros da comunidade e estabelecer um fórum de diálogo, de exposição de idéias, de divergências e de reivindicações, conforme assinalam Callado & Estrada (1986, p. 8): "A função do jornal comunitário transcende o caráter da informação, tornando-se um instrumento de mobilização que estabelece a verdadeira comunicação entre os membros da comunidade, o debate de seus problemas e a participação de todos nas soluções a serem dadas."

O jornal comunitário também pode cumprir a função de buscar atender aos anseios da comunidade e divulgar suas realizações, podendo se constituir em fonte de promoções comunitárias, oferecer caminhos para soluções de problemas, organizar eventos e liderar campanhas para a construção de escolas e postos de saúde etc. Nesse sentido, Wondracek (1978, p. 24) afirma: "São iniciativas que comportam a liderança de um jornal, desde que tenham a finalidade de promover o bem coletivo".

Para Carnicel (2005, p. 39), "o jornal comunitário surge, então, da necessidade de um veículo que fale para uma comunidade específica. Um veículo em que sejam percebidos elementos da teoria da comunicação como o emissor, o canal e o receptor. Porém, diferentemente do fenômeno registrado na grande imprensa em que o emissor (no caso o jornalista) e o receptor (no caso, o leitor) não se conhecem, na mídia comunitária os membros da comunidade estão presentes nas duas extremidades: a comunidade que emite a mensagem é a mesma que a recebe".

Apesar do esforço no sentido de, por meio das especificidades, caracterizar este ou aquele tipo de veículo, Peruzzo (2003) afirma que não há reservas de conteúdos. É relativamente comum um jornal comunitário abrigar um texto sobre notícia internacional (conteúdo, portanto, de um jornal local ou de grande circulação). Na outra ponta, é relativamente raro um jornal de massa estampar um texto com o perfil do campeão de um torneio de truco para a terceira idade organizado pela associação dos moradores do bairro (conteúdo típico de um jornal comunitário). Ou seja, a mídia local focaliza mais assuntos gerais enquanto a comunitária é mais dirigida, preocupa-se com segmentos sociais. O que esses jornais – o local e o comunitário – devem apresentar em comum é a preocupação de se tornarem um fórum de debates, de idéias, de reivindicações, de valorização de fatos e pessoas sem nunca perderem de vista o cumprimento da sua responsabilidade social, principalmente no que diz respeito à produção de textos que ampliem os direitos e deveres do cidadão.

Cidadania – Não cometemos erro quando afirmamos que o termo cidadania está cada vez mais na ordem do dia. Qualquer que seja o ambiente, qualquer que seja o suporte utilizado para sua divulgação, o termo é algo corrente nas mais diferentes esferas da sociedade. Igrejas, escolas, empresas, clubes, ONGs, entre outros, fazem da palavra "cidadania" bandeira a ser ensinada e praticada. A imprensa, independentemente da forma de comunicação (impressa, radiofônica, televisada ou Internet), vem abrindo espaços (colunas, seções, páginas, vinhetas e programas especiais) com o objetivo de amplificar a realização de trabalhos e iniciativas, bem como o de despertar a sociedade para a prática da cidadania. Apesar da validade dessa iniciativa por parte da imprensa, percebe-se que muitos veículos de comunicação buscam pegar carona na moda da cidadania para obterem algum tipo de vantagem ao adotar indevidamente rótulo de empresa ou imprensa cidadã.

Porém, no que diz respeito aos veículos de comunicação, a prática da cidadania deve nortear todo e qualquer trabalho na área da mídia comunitária, conforme assinala Peruzzo (2004, p. 56). Segundo a autora, mídia comunitária pode ser compreendida como: "Uma comunicação que se compromete, acima de tudo, com os interesses das 'comunidades' nas quais se localiza e visa contribuir na ampliação dos direitos e deveres de cidadania". Bahia vê o jornal comunitário como um instrumento capaz de alertar a comunidade sobre esses direitos e deveres. Segundo ele, "o jornal comunitário, não na medida em que concentra notícias e opiniões, mas na proporção em que evoca a cidadania, se diversifica e se multiplica para dar voz ao maior número possível de correntes numa comunidade" (Bahia, 1990, p. 245).

Visto dessa forma, consideramos, portanto, que o processo de produção de um jornal comunitário deve ser pautado pela prática da cidadania. Para ser mais claro: consideramos jornal comunitário e cidadania práticas indissociáveis; uma só pode existir mediante a realização/presença da outra. Numa visão mais ampla de jornal comunitário, aliado à prática da cidadania, percebemos que as ações procuram se contrapor ao domínio e, por que não, ao autoritarismo, muitas vezes imposto pelas sociedades de classe. Para que o cidadão assuma essa postura de contraposição, ele deverá ter acesso a uma carga de informação e de educação (terá, logicamente, que apresentar disposição e condições para assumi-la) que o prepare e que lhe dê segurança para o exercício dessa cidadania.

O que se percebe, entretanto, é que o assunto cidadania vem sendo tratado pela imprensa e usado em discursos de modo muito superficial. É como se o termo, em qualquer ação social, precisasse aparecer entre os objetivos de um projeto ou de uma proposta e entre seus resultados como forma de legitimar ou de fazer uma prestação de contas dos atos, seja de iniciativa individual, coletiva, empresarial ou organizacional. Ou seja, o trabalho não terá validade se a palavra cidadania (e aquilo que chamam de resultados de atos de cidadania) não estiver inserida, seja na proposta escrita, seja no discurso de quem atuará no projeto.

Sobre essa prática, Martins (2000, p. 112) afirma: "Em qualquer veículo de comunicação é possível, com um pouco de observação, verificar que a palavra cidadania vem sendo utilizada como sinônimo do conhecimento de direitos e deveres".

Não pretendemos neste estudo nos aprofundar sobre a utilização, indevida ou não, do termo "cidadania", seja por iniciativas individuais, coletivas ou por parte dos meios de comunicação. Entretanto, não podemos nos furtar de apontar a importância dos meios de comunicação como instrumento de educação, de orientação e de alerta para o conhecimento e a prática da cidadania. Partimos do pressuposto de que a cidadania existe mediante a participação de toda sociedade em condições de igualdade – o que podemos afirmar é que essa igualdade não ocorre de modo efetivo.

Esse pressuposto, segundo Martins, depende, entre outras possibilidades, do acesso dos indivíduos à informação sobre as formas e os conteúdos da participação, sobre os direitos e deveres não somente a título de informação, mas, principalmente, no que diz respeito à ação. Nesse sentido, Martins afirma que:

> Tais informações hoje estão sendo difundidas por inúmeros aparelhos, desde as mais diversas mídias, sendo a eletrônica uma das principais dentre todas elas, até as escolas. Eis, portanto, um pressuposto de nosso conceito de cidadania: o acesso à informação, que hoje se apresenta como uma das mais valiosas mercadorias do mundo contemporâneo (Martins, 2000, p. 116).

O autor vai além quando afirma:

> Restringir o cidadão àquele que simplesmente conhece direitos e deveres é vê-lo enquanto um indivíduo passivo, que recebe e tem de cumpri-los passivamente, isto é, abdicando da possibilidade de ser sujeito no processo de elaboração deles. Dessa passividade e indiferença, vista por Gramsci como o "peso morto da história", decorre também a acriticidade, ou seja, o indivíduo passivo respeita os direitos e deveres que lhes são impostos sem questionar seus princípios, suas finalidades, a que interesses eles servem, enfim, sem se envolver com a dinâmica sociopolítica, econômica e cultural que os forjou e sedimentou na sociedade, tendo em vista uma determinada correlação de forças entre grupos sociais (Idem, ibidem, p. 113).

As reflexões feitas pelo autor nos levam a pensar que o cidadão deve passar por um processo educativo, indo além da condição de cidadão (conhecedor de direitos e de deveres), do exercício pleno da cidadania, tornando-se um agente transformador da sociedade.

Nossa intenção neste artigo é mostrar aos profissionais que atuam diariamente em sala de aula um cenário da produção e do consumo de jornais diários brasileiros. Ao mostrarmos que a segmentação jornalística e o conseqüente estabelecimento de nichos de leitores (estamos falando especificamente do jornal comunitário) podem ser algo trabalhado em sala de aula, estamos propondo a realização de um novo modelo de jornal escolar, sempre pautado por noções e conceitos de cidadania.

Estamos, nesta proposta, deixando de lado aquele modelo tradicional de jornal escolar em que os alunos falam do dia-a-dia da escola ou reproduzem redações escolares feitas nas aulas de Português sobre temas genéricos. Pretendemos conscientizar os professores sobre a importância da produção de um veículo que, embora produzido no espaço escolar, fale da comunidade, das pessoas que fazem o cotidiano do local. Imaginamos, assim, abrir os portões da escola para que a comunidade se aproxime de modo a se sentir parte integrante nesse processo, que tenha voz nas decisões de como e o que publicar. Acreditamos que uma publicação jornalística produzida em parceria com a comunidade a que se destina perde o "tom" de trabalho escolar (cobranças, avaliações, repreensões) e ganha nova dimensão ao ultrapassar os muros da escola. É a produção pelo prazer da participação e a amplificação por meio das páginas impressas em que todos – jornalista e leitor – ficam em patamar de igualdade, afinal, são todos de uma mesma comunidade.

Referências bibliográficas

BAHIA, Juarez. *Jornal, história e técnica: as técnicas do jornalismo*. São Paulo: Ática, 1990.

CABRAL, João Augusto. O futuro dos jornais brasileiros. *Comunique-se*. Disponível em: <www.comunique-se.com.br>, 2003.

CALLADO, Ana Arruda; ESTRADA, Maria Ignez Duque. *Como se faz um jornal comunitário*. Petrópolis: Vozes, 1986.

CARNICEL, Amarildo. Jornal comunitário. In: PARK, Margareth; FERNANDES, Renata Sieiro; CARNICEL, Amarildo. *Palavras-chave em educação não-formal*. Campinas: CMU Publicações, set. 2007.

______. *O jornal comunitário como estratégia de educação não-formal*. Tese de Doutorado. Campinas: Faculdade de Educação – Unicamp, 2005.

MARCONDES, Ciro Filho. *Quem manipula quem? – poder e massas na indústria da cultura e da comunicação no Brasil*. Petrópolis: Vozes, 1987.

MARTINS, Marcos F. Uma "catarsis" no conceito de cidadania: do cidadão cliente à cidadania com valor ético-político. *Phónesis*, vol. 2, n. 2, Campinas: PUC-Campinas, 2000.

NOBLAT, Ricardo. *A arte de fazer um jornal diário*. São Paulo: Contexto, 2003.

PERUZZO, Cicilia. Direito à comunicação comunitária, participação popular e cidadania?. In: VII CELACOM/ENDICOM 2004 (VII Colóquio Internacional sobre a Escola Latino-Americana de Comunicação/V Encontro de Ensino e Investigação da Comunicação nos Países do Mercosul). Cátedra Unesco/Umesp de Comunicação Regional. São Bernardo do Campo/São Paulo: Universidade Metodista de São Paulo, 2004.

______. Mídia local e suas interfaces com a mídia comunitária. *Anuário Unesco/Umesp de Comunicação Regional*. São Bernardo do Campo: Umesp, 2003.

______. Mídia comunitária. *Revista Comunicação e Sociedade* (n. 30). São Bernardo do Campo: Umesp, 1998.

WONDRACEK, Claude. O jornal do interior na era tecnológica. *Cadernos de jornalismo e editoração: estudos sobre a imprensa comunitária* (n. 10). São Paulo: COM-ARTE, 1978.

BIOGRAFIAS

EZEQUIEL THEODORO DA SILVA atua como professor colaborador-voluntário na Faculdade de Educação da Unicamp. Entre as funções mais importantes por ele exercidas, colocam-se as de secretário municipal de Cultura, Esporte e Turismo de Campinas, secretário municipal de Educação de Campinas, diretor-executivo da Editora da Unicamp, coordenador da biblioteca "Joel Martins" e presidente da Associação de Leitura do Brasil (ALB) por várias gestões. Produziu mais de 30 livros e centenas de artigos que tematizam, fundamentalmente, as práticas de leitura no território brasileiro. Atualmente faz parte do Grupo de Pesquisa Alfabetização, Leitura e Escrita (ALLE), da Faculdade de Educação da Unicamp. Também produziu os sites da ALB <www.alb.com.br/> e do Pescarte <www.pescarte.com.br/>, fazendo a sua manutenção e atualização na Internet.

AMARILDO B. CARNICEL – Jornalista, mestre em Multimeios (Unicamp), doutor em Educação (Unicamp). É pesquisador do Centro de Memória da Unicamp, professor do curso de Jornalismo na PUC-Campinas e das Faculdades Hoyler (graduação) e professor do Labjor na Unicamp (pós-graduação). É coordenador do Grupo Fotografia e Memória (Unicamp) e pesquisador do Grupo Comunicação e Cidadania (PUC-Campinas). É consultor do projeto "In-Formar-Ação", desenvolvido pelo Instituto Arcor do Brasil em parceria com a ONG Progen e mais quatro escolas da rede pública de Campinas. Há cinco anos vem se dedicando aos estudos na área de jornal comunitário e educação não-formal. É autor do livro *O fotógrafo Mário de Andrade* (Editora da Unicamp, 1994) e organizador dos livros *Palavras-chave em educação não-formal* (Ed. Setembro/CMU) e *Comunicação e Cidadania* (prelo).

CARMEN SANCHES SAMPAIO atua como professora adjunta na Escola de Educação da Universidade Federal do Estado do Rio de Janeiro (Unirio). Atuou, por muitos anos, como professora alfabetizadora em turmas de Educação Infantil e anos iniciais do Ensino Fundamental, na rede pública do Estado do Rio de Janeiro. Possui artigos publicados na área da alfabetização, leitura e escrita e formação do/a professor/a alfabetizador/a. Faz parte do Grupo de Pesquisa: Alfabetização dos alunos e alunas das classes populares (Grupalfa), da Faculdade de Educação da UFF; do Grupo de Pesquisa: Práticas Educativas e Formação de Professores (GPPF)/Unirio e do Grupo de Estudos Surdos e Educação (GES), da Faculdade de Educação da Unicamp.

JUVENAL ZANCHETTA JUNIOR é professor da Faculdade de Ciências e Letras de Assis (Unesp). Mestre e doutor em Educação, atua, em termos de graduação, no curso de Letras da Unesp de Assis. Também está vinculado ao programa de Pós-Graduação em Educação, na Faculdade de Filosofia e Ciências de Marília (Unesp). Tem dois livros e vários artigos publicados sobre o cruzamento entre os temas escola, formação de professores e mídia no Brasil.

MARCEL J. CHEIDA é jornalista formado pela PUC-Campinas, onde também obteve o mestrado em Filosofia Social. Foi coordenador do curso de Jornalismo durante cinco anos na PUC-Campinas. Desde 2001 coordena o curso de Comunicação Social das Faculdades Hoyler/SP. Desde 1985 é professor da disciplina Ética e Legislação da Imprensa na PUC-Campinas. Atuou durante sete anos como jornalista no matutino *Correio Popular*, editado em Campinas. Coordenou a assessoria de imprensa da presidência da Câmara Municipal de Campinas durante 15 anos. Fundou, em sociedade, a Editora Multiesportes, na qual exerceu o cargo de diretor de

Jornalismo entre 1997 e 2002. A editora publicou diversos títulos, entre eles a revista mensal *Interesportes*. Atuou como comentarista político e posteriormente conduziu o quadro de entrevista *Desafios da Educação* na TV Brasil, sediada em Campinas, afiliada ao Sistema Brasileiro de Televisão (SBT), de 2005 a 2007.

MARIO SERGIO CORTELLA, filósofo, com mestrado e doutorado em Educação pela PUC-SP, na qual é professor-titular do Departamento de Teologia e Ciências da Religião e da Pós-Graduação em Educação (Currículo), além de professor-convidado da Fundação Dom Cabral e do GVpec da FGV/SP. Foi Secretário municipal de Educação de São Paulo (1991-1992) e é autor, entre outros livros, de *A escola e o conhecimento: fundamentos epistemológicos e políticos* (Cortez); *Nos labirintos da moral*, com Yves de La Taille (Papirus); *Não espere pelo epitáfio: provocações filosóficas* (Vozes); *Não nascemos prontos!* (Vozes); *Sobre a esperança: um diálogo*, com Frei Betto (Papirus) e *Qual é a tua obra: inquietações propositivas sobre gestão, liderança e ética* (Vozes).

SARAÍ SCHMIDT é graduada em Comunicação Social – Jornalismo, mestre e doutora em Educação pela Universidade Federal do Rio Grande do Sul. É professora-pesquisadora da Feevale, no curso de Comunicação Social e coordenadora do Núcleo de Jornalismo da Agência Experimental de Comunicação. Editora do suplemento *NH na Escola* desde 1991 e coordenadora do setor Mídia e Educação da Secretaria Municipal de Educação e Desporto de NH. Organizadora do livro *Educação em tempos de globalização*, Editora DP&A, 2001. Atualmente, seus interesses de pesquisa são mídia, escola e juventude.

Outros títulos da coleção:

COLEÇÃO LEITURA E FORMAÇÃO

*Leitura e pedagogia: ponto & contraponto**
Regina Zilberman e Ezequiel Theodoro da Silva

*Leituras aventureiras: por um pouco de prazer (de leitura) aos professores**
Ezequiel Theodoro da Silva

*Leitura na escola**
Vários autores

* Prelo

global EDITORA

ALB

Impresso nas oficinas da
Gráfica Palas Athena